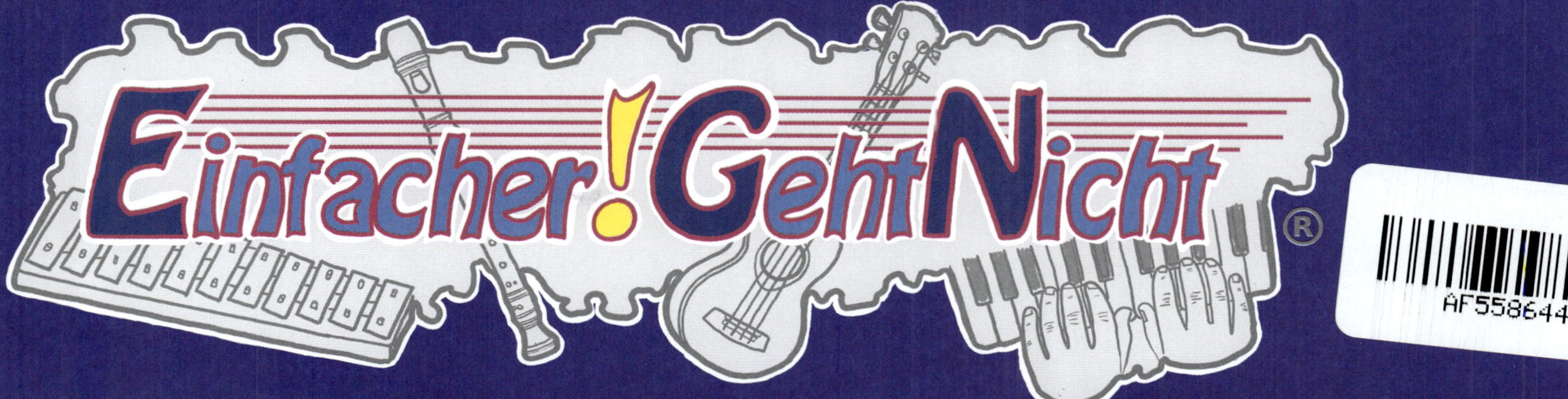




# 16 Kinderlieder BAND 1



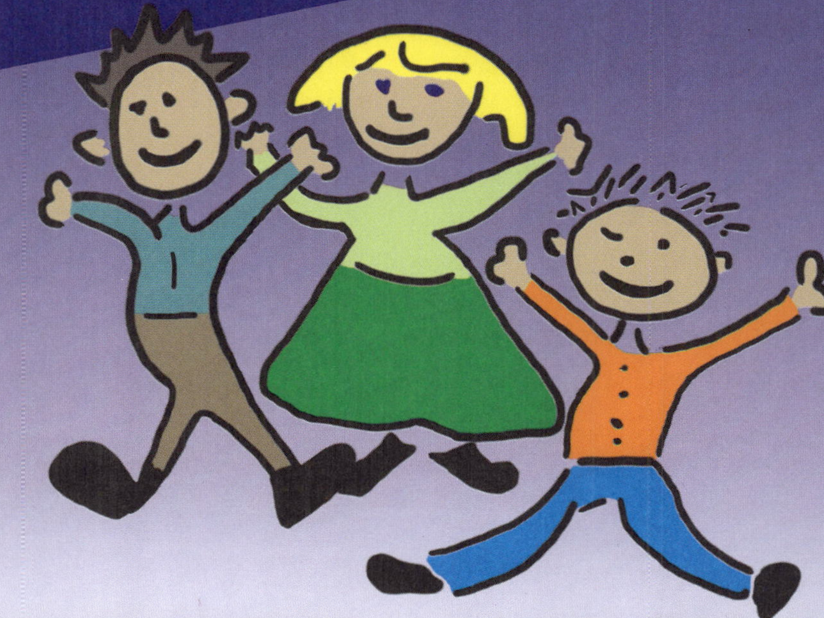

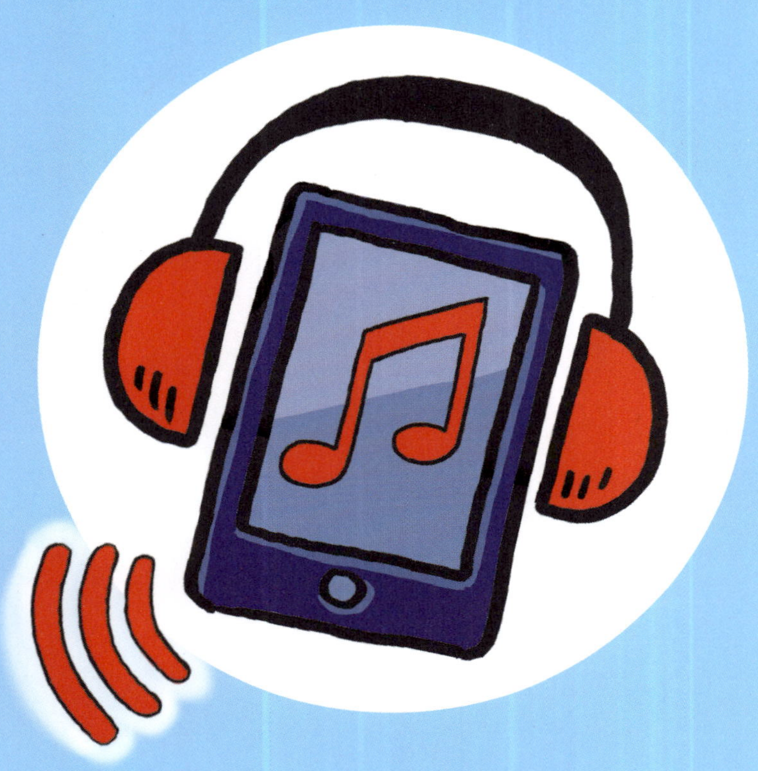

| | | |
|---|---|---|
| Alle meine Entchen | 01 Play-Along | 17 Instrumental |
| Ist ein Mann in'n Brunnen g'fallen | 02 Play-Along | 18 Instrumental |
| Summ, summ, summ | 03 Play-Along | 19 Instrumental |
| A, a, a, der Winter, der ist da | 04 Play-Along | 20 Instrumental |
| Hopp, hopp, hopp! Pferdchen, lauf Galopp | 05 Play-Along | 21 Instrumental |
| Kuckuck, Kuckuck, ruft's aus dem Wald | 06 Play-Along | 22 Instrumental |
| Schlaf, Kindlein schlaf | 07 Play-Along | 23 Instrumental |
| Häschen in der Grube | 08 Play-Along | 24 Instrumental |
| Mein Hut, der hat drei Ecken | 09 Play-Along | 25 Instrumental |
| Hänschen klein | 10 Play-Along | 26 Instrumental |
| Fuchs, du hast die Gans gestohlen | 11 Play-Along | 27 Instrumental |
| Hänsel und Gretel | 12 Play-Along | 28 Instrumental |
| Kommt ein Vogel geflogen | 13 Play-Along | 29 Instrumental |
| Bruder Jakob | 14 Play-Along | 30 Instrumental |
| Brüderchen, komm, tanz mit mir | 15 Play-Along | 31 Instrumental |
| Backe, backe Kuchen | 16 Play-Along | 32 Instrumental |

**Play-Along:** Langsames Tempo mit Einzähl-Klick.
**Instrumental:** Zum Kennenlernen der Melodie, Mitsingen oder Mitspielen für Profis.

Scanne den **QR-Code** zum Download der Tracks oder zum Anhören ohne Anmeldung bei **SoundCloud®**

**Oder wähle deinen Streaming-Dienst:**
**Spotify®** **Deezer®** **amazon music®** **YouTube®**

Hier findest du auch weitere Ergänzungen, Liedtexte, Klavierbegleitungen und Zweitstimmen.

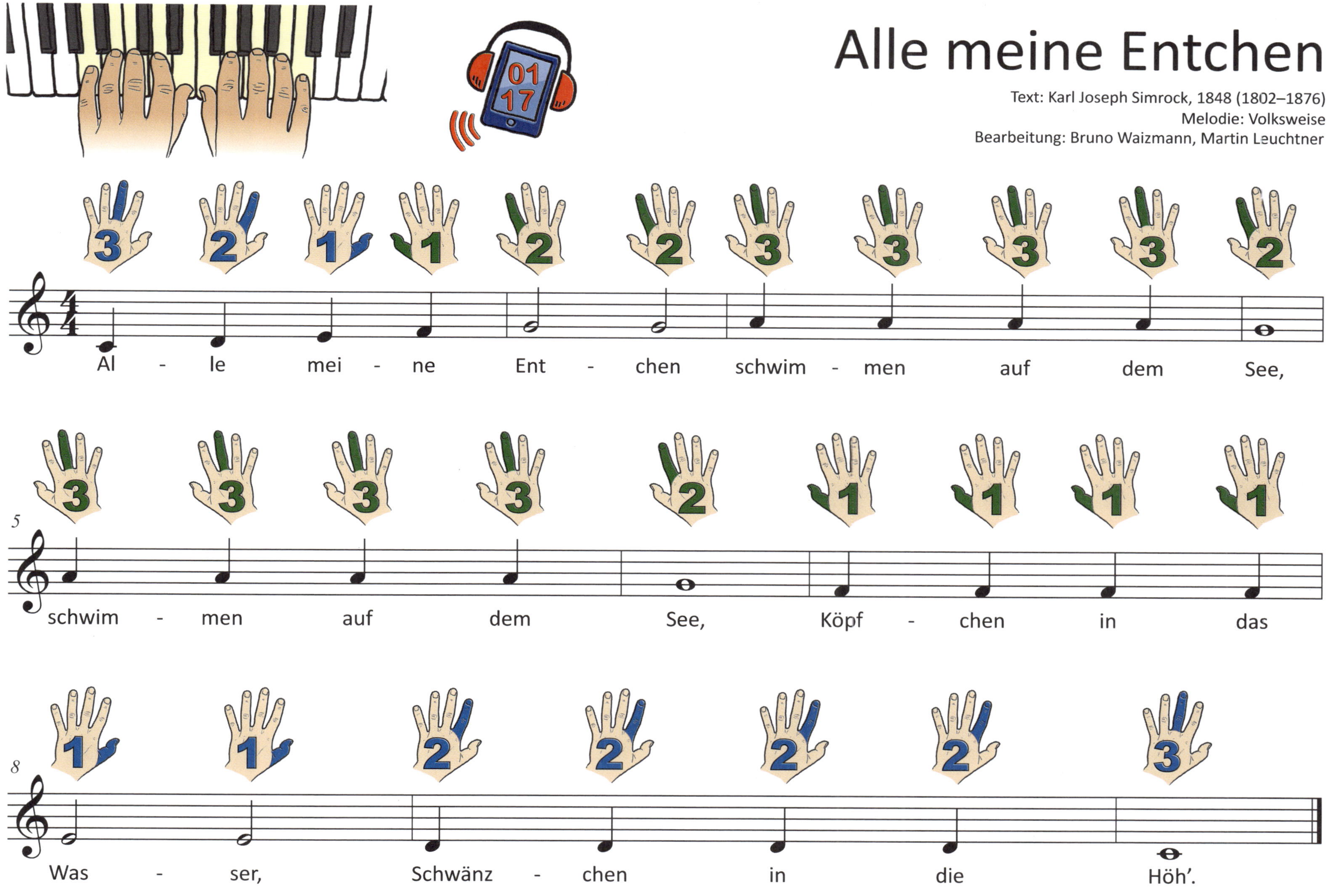
Alle meine Entchen
Text: Karl Joseph Simrock, 1848 (1802–1876)
Melodie: Volksweise
Bearbeitung: Bruno Waizmann, Martin Leuchtner
01
17
Al - le mei - ne Ent - chen schwim - men auf dem See,
schwim - men auf dem See,
Köpf - chen in das Was - ser,
Schwänz - chen in die Höh'.

 ◆ 

# Ist ein Mann in'n Brunnen g'fallen

Melodie: Volkslied
Bearbeitung: Bruno Waizmann, Martin Leuchtner

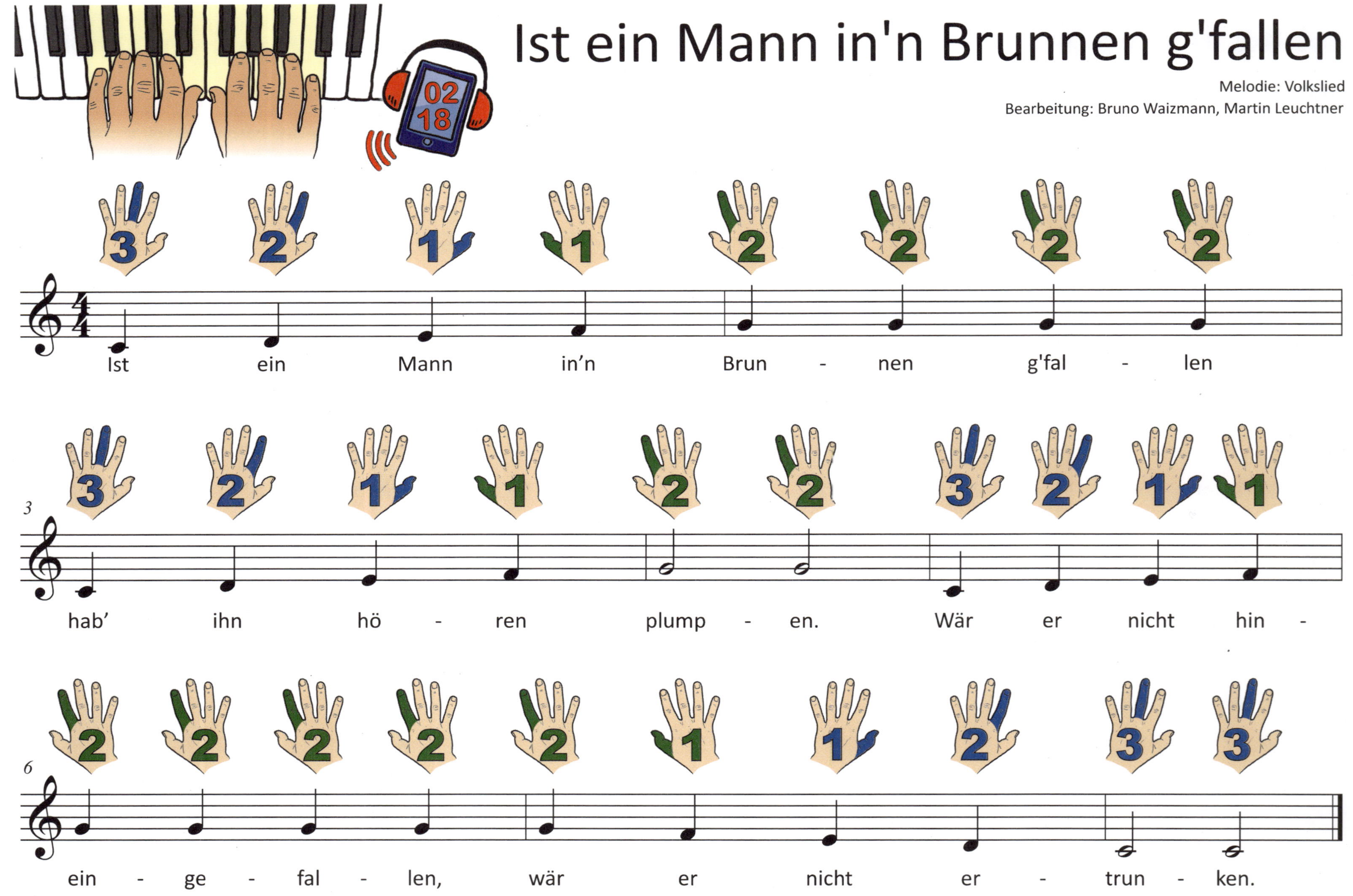

# Summ, summ, summ

Text: Heinrich Hoffmann von Fallersleben (1798–1874)
Melodie: Volksweise
Bearbeitung: Bruno Waizmann, Martin Leuchtner

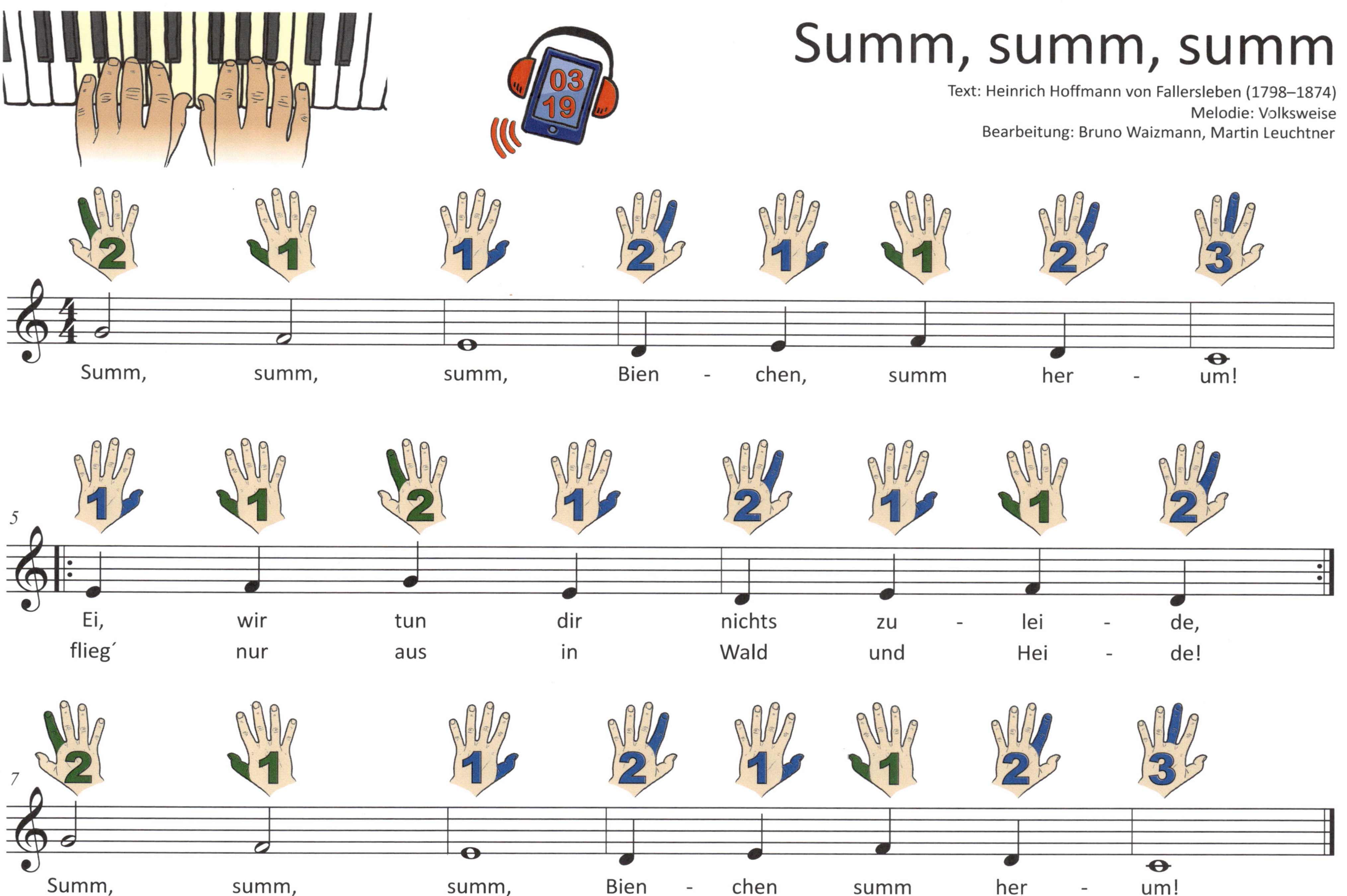

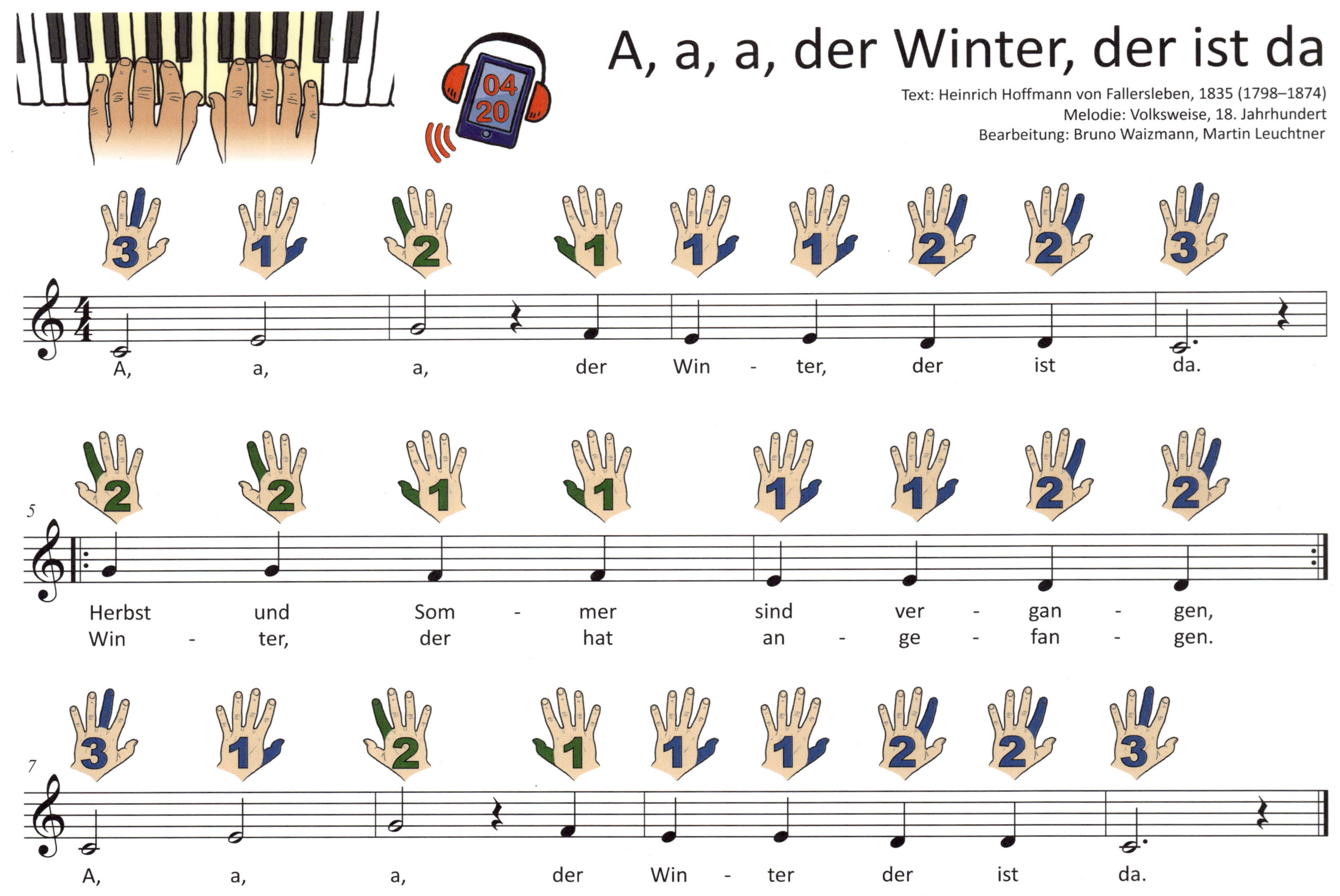
04
20
A, a, a, der Winter, der ist da
Text: Heinrich Hoffmann von Fallersleben, 1835 (1798–1874)
Melodie: Volksweise, 18. Jahrhundert
Bearbeitung: Bruno Waizmann, Martin Leuchtner
3 1 2 1 1 1 2 2 3
A, a, a, der Win - ter, der ist da.
5
2 2 1 1 1 1 2 2
Herbst und Som - mer sind ver - gan - gen,
Win - ter, der hat an - ge - fan - gen.
7
3 1 2 1 1 1 2 2 3
A, a, a, der Win - ter der ist da.

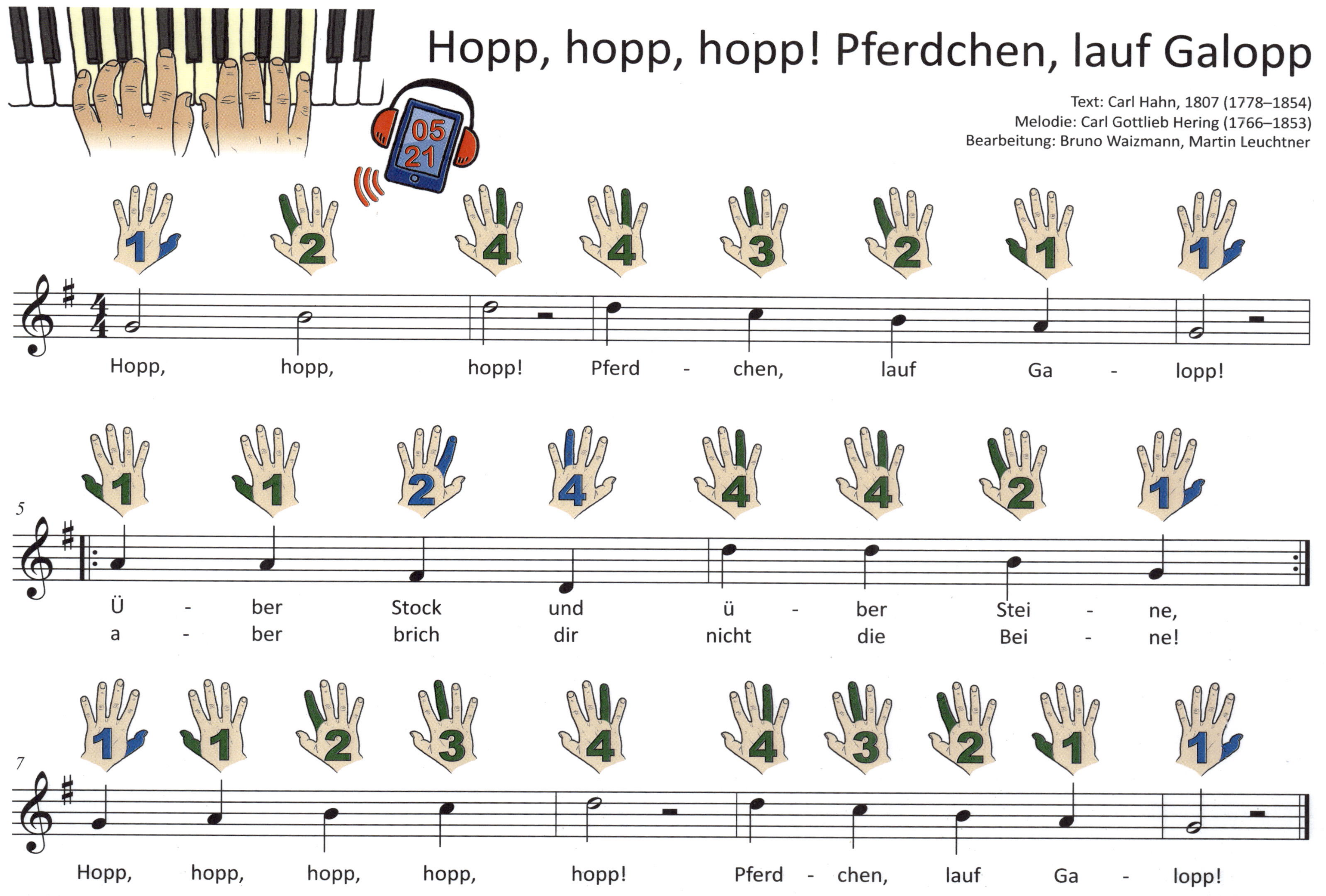

05
21
Hopp, hopp, hopp! Pferdchen, lauf Galopp
Text: Carl Hahn, 1807 (1778–1854)
Melodie: Carl Gottlieb Hering (1766–1853)
Bearbeitung: Bruno Waizmann, Martin Leuchtner
1 2 4 4 3 2 1 1
Hopp, hopp, hopp! Pferd - chen, lauf Ga - lopp!
5
1 1 2 4 4 4 2 1
Ü - ber Stock und ü - ber Stei - ne,
a - ber brich dir nicht die Bei - ne!
7
1 1 2 3 4 4 3 2 1 1
Hopp, hopp, hopp, hopp, hopp! Pferd - chen, lauf Ga - lopp!

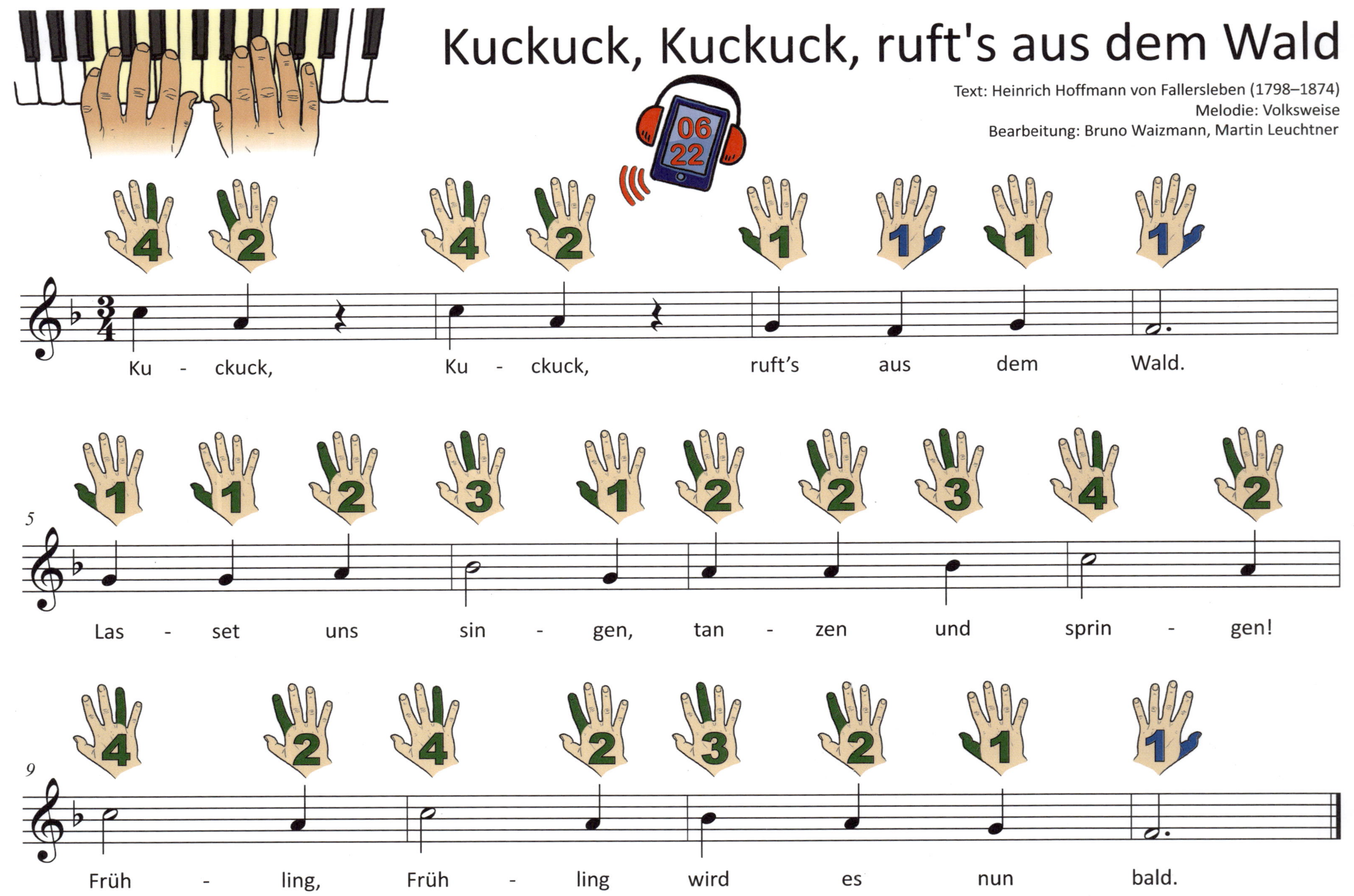
Kuckuck, Kuckuck, ruft's aus dem Wald
Text: Heinrich Hoffmann von Fallersleben (1798–1874)
Melodie: Volksweise
Bearbeitung: Bruno Waizmann, Martin Leuchtner
06
22
Ku - ckuck, Ku - ckuck, ruft's aus dem Wald.
Las - set uns sin - gen, tan - zen und sprin - gen!
Früh - ling, Früh - ling wird es nun bald.

# Schlaf, Kindlein, schlaf

Text: Joachim Heinrich Campe
Melodie: Johann Friedrich Reichardt (1752–1814)
Bearbeitung: Bruno Waizmann, Martin Leuchtner

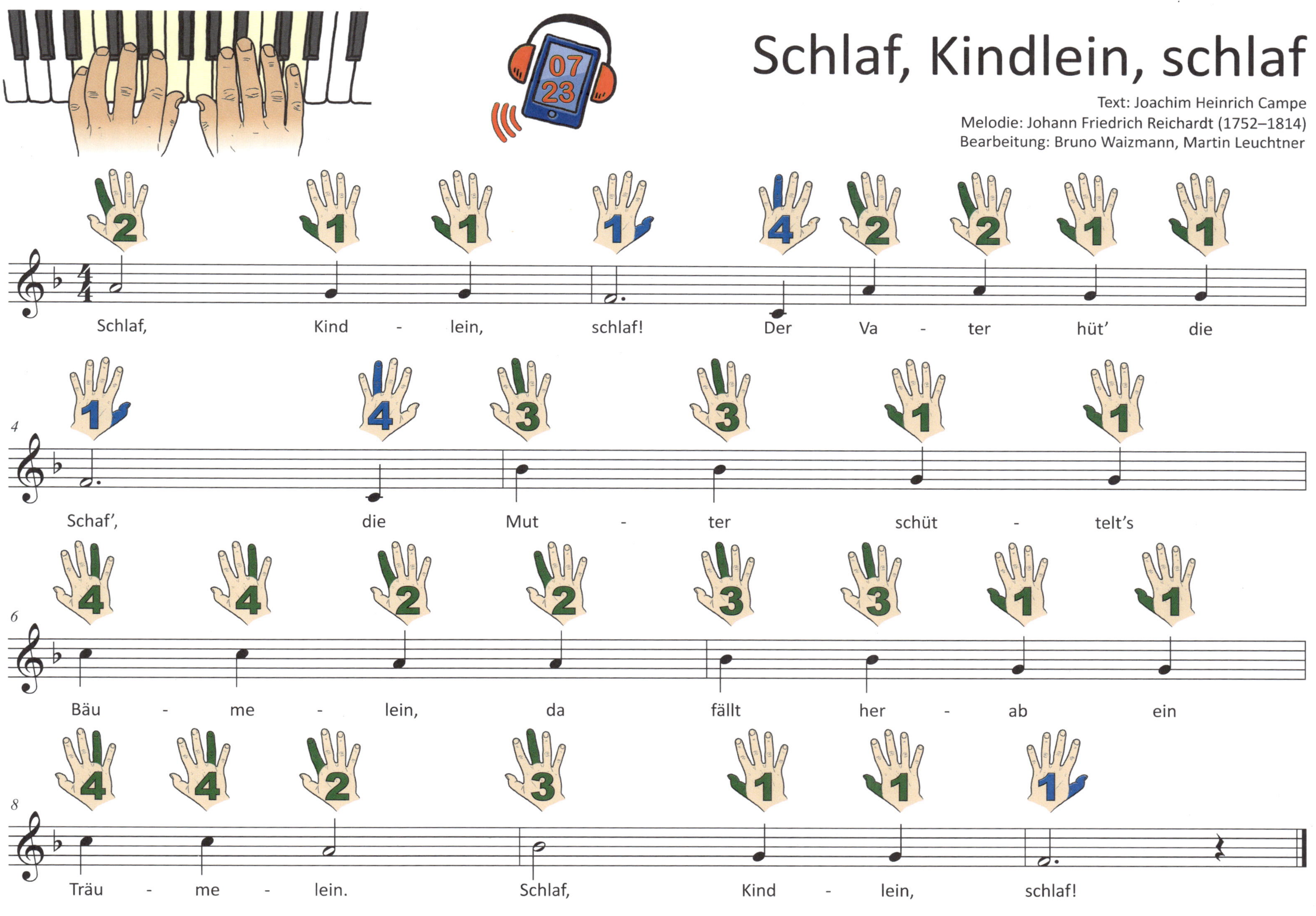

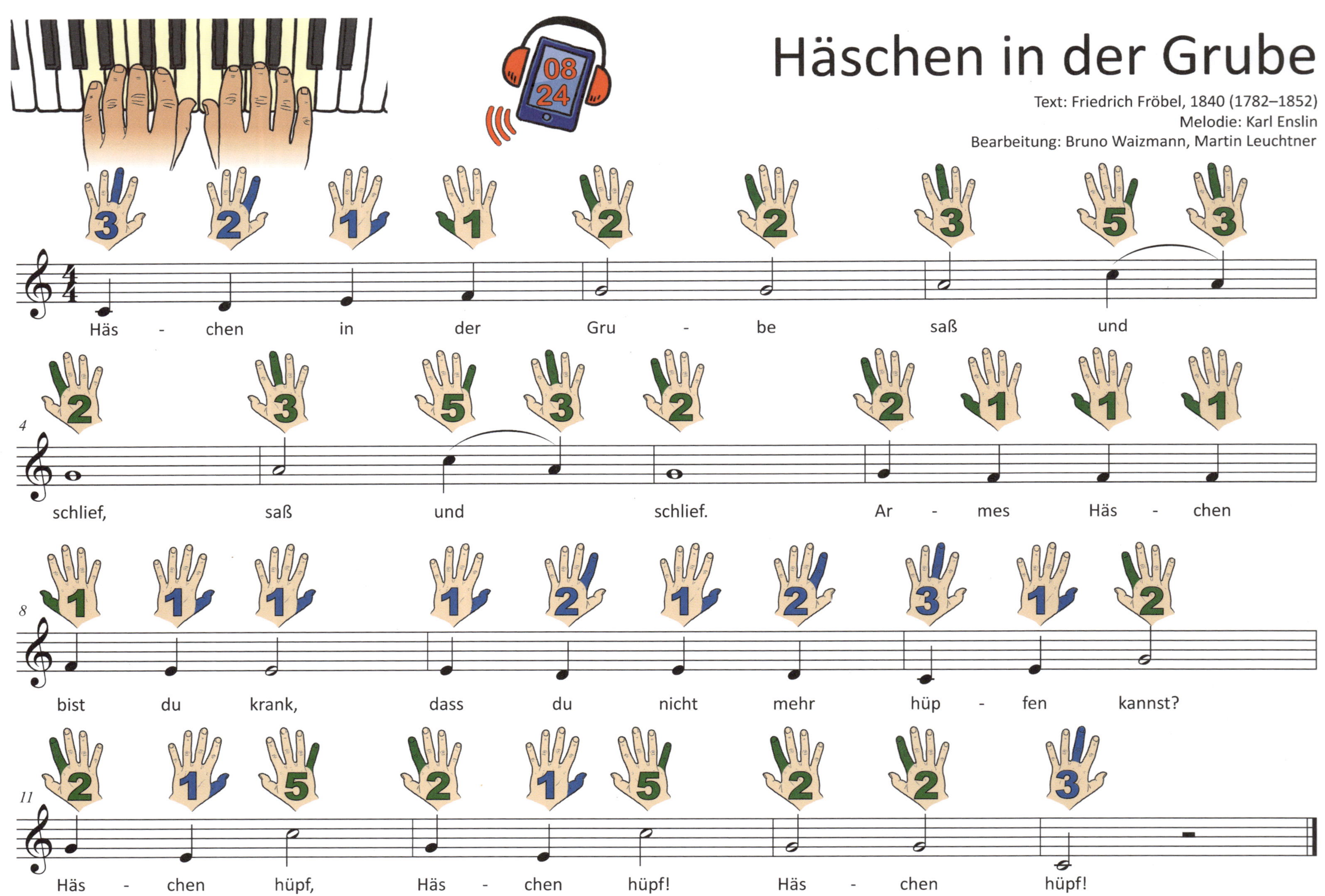
08
24
Häschen in der Grube
Text: Friedrich Fröbel, 1840 (1782–1852)
Melodie: Karl Enslin
Bearbeitung: Bruno Waizmann, Martin Leuchtner
Häs - chen in der Gru - be saß und
schlief, saß und schlief. Ar - mes Häs - chen
bist du krank, dass du nicht mehr hüp - fen kannst?
Häs - chen hüpf, Häs - chen hüpf! Häs - chen hüpf!

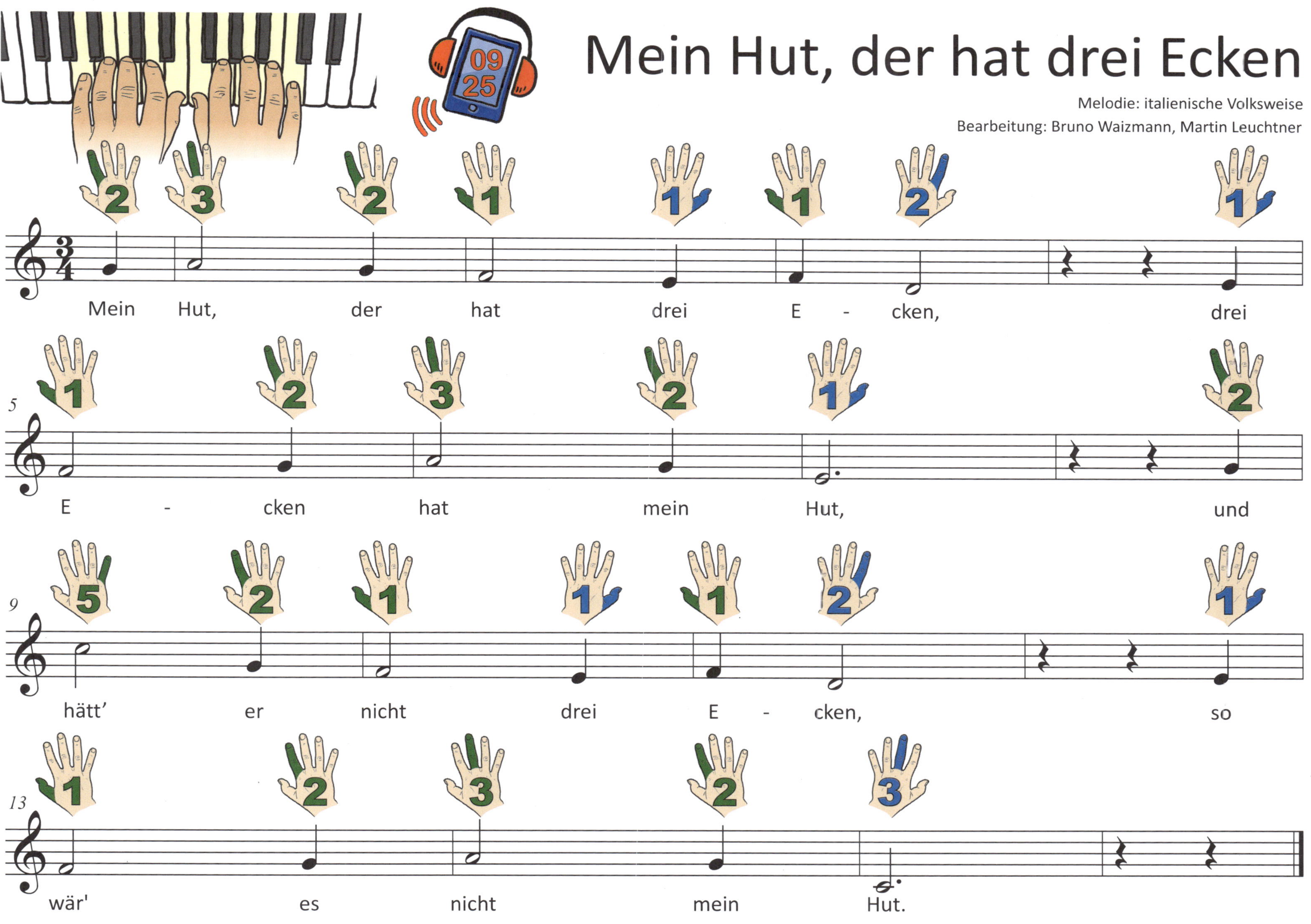
09
25
Mein Hut, der hat drei Ecken
Melodie: italienische Volksweise
Bearbeitung: Bruno Waizmann, Martin Leuchtner
Mein Hut, der hat drei E - cken, drei
E - cken hat mein Hut, und
hätt' er nicht drei E - cken, so
wär' es nicht mein Hut.
© LeuWa-Verlag, Freiburg ◆ Seite 11

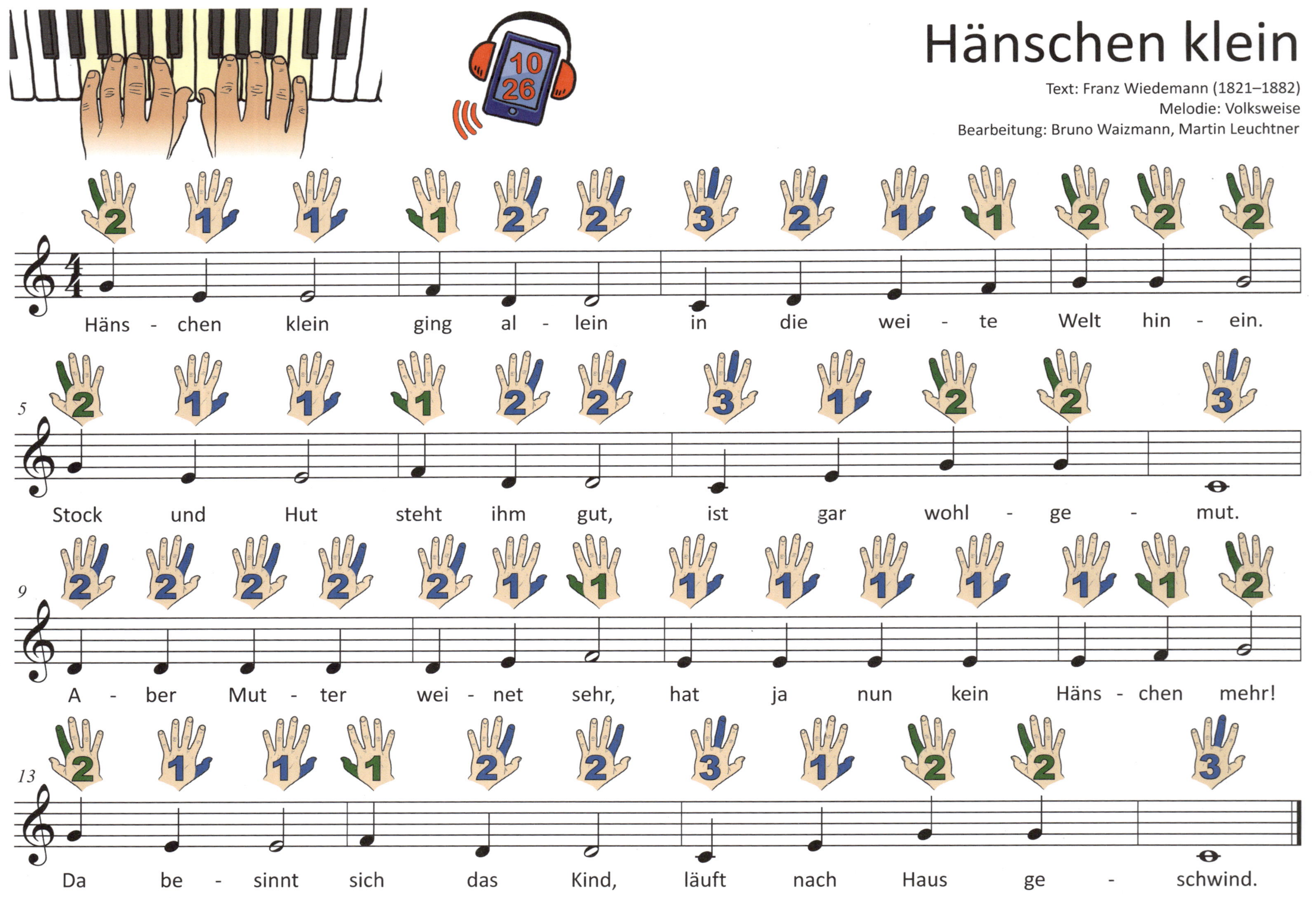

10
26
Hänschen klein
Text: Franz Wiedemann (1821–1882)
Melodie: Volksweise
Bearbeitung: Bruno Waizmann, Martin Leuchtner
Häns - chen klein ging al - lein in die wei - te Welt hin - ein.
5
Stock und Hut steht ihm gut, ist gar wohl - ge - mut.
9
A - ber Mut - ter wei - net sehr, hat ja nun kein Häns - chen mehr!
13
Da be - sinnt sich das Kind, läuft nach Haus ge - schwind.

# Fuchs, du hast die Gans gestohlen

Text & Melodie: Ernst Schütz, 1824 (1780–1861)

Bearbeitung: Bruno Waizmann, Martin Leuchtner

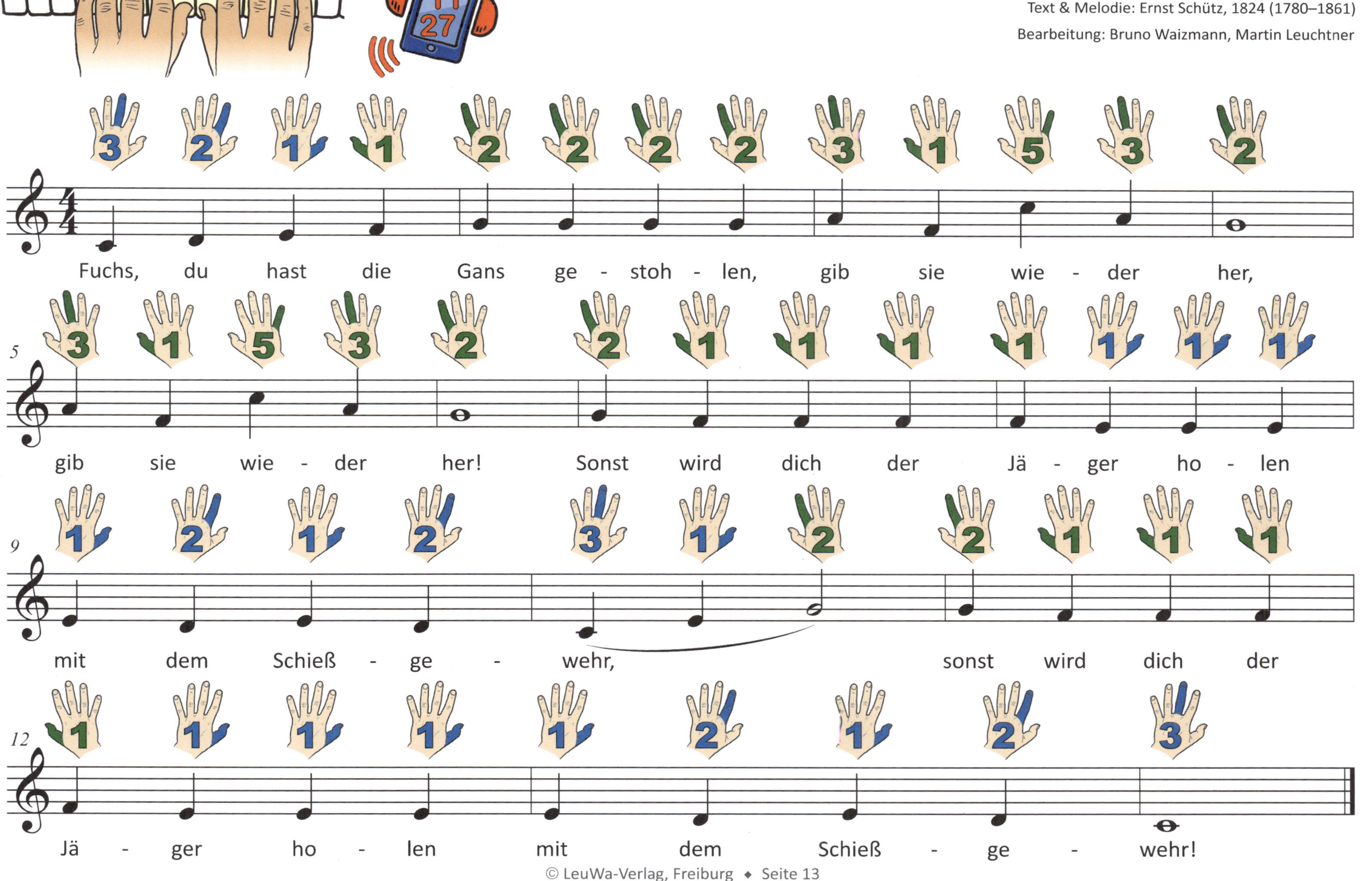

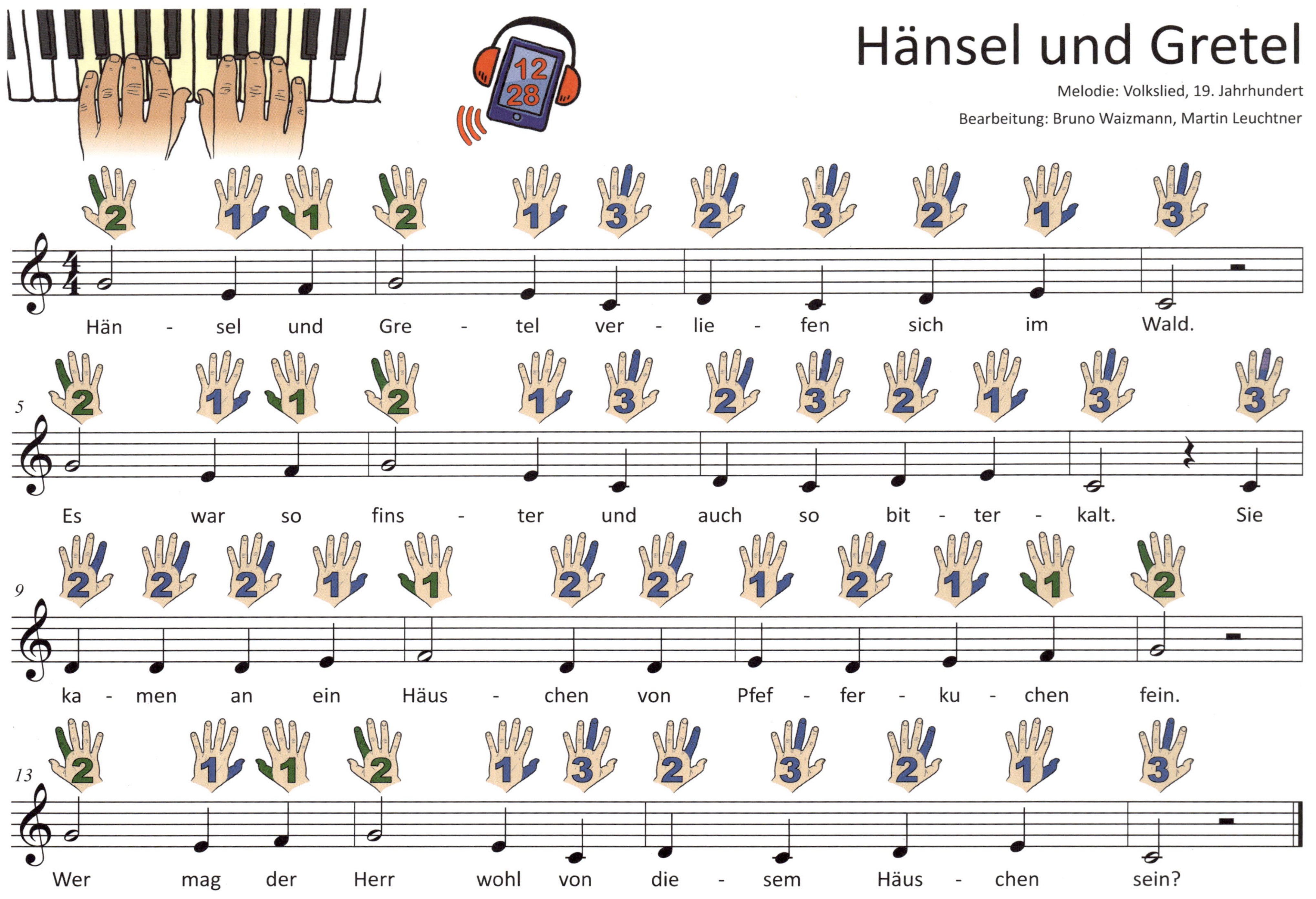
12
28
Hänsel und Gretel
Melodie: Volkslied, 19. Jahrhundert
Bearbeitung: Bruno Waizmann, Martin Leuchtner
Hän - sel und Gre - tel ver - lie - fen sich im Wald.
Es war so fins - ter und auch so bit - ter - kalt. Sie
ka - men an ein Häus - chen von Pfef - fer - ku - chen fein.
Wer mag der Herr wohl von die - sem Häus - chen sein?

# Kommt ein Vogel geflogen

Text: Adolf Bäuerle, 1822 (1786–1859)
Melodie: Wenzel Müller (1767–1835)
Bearbeitung: Bruno Waizmann, Martin Leuchtner

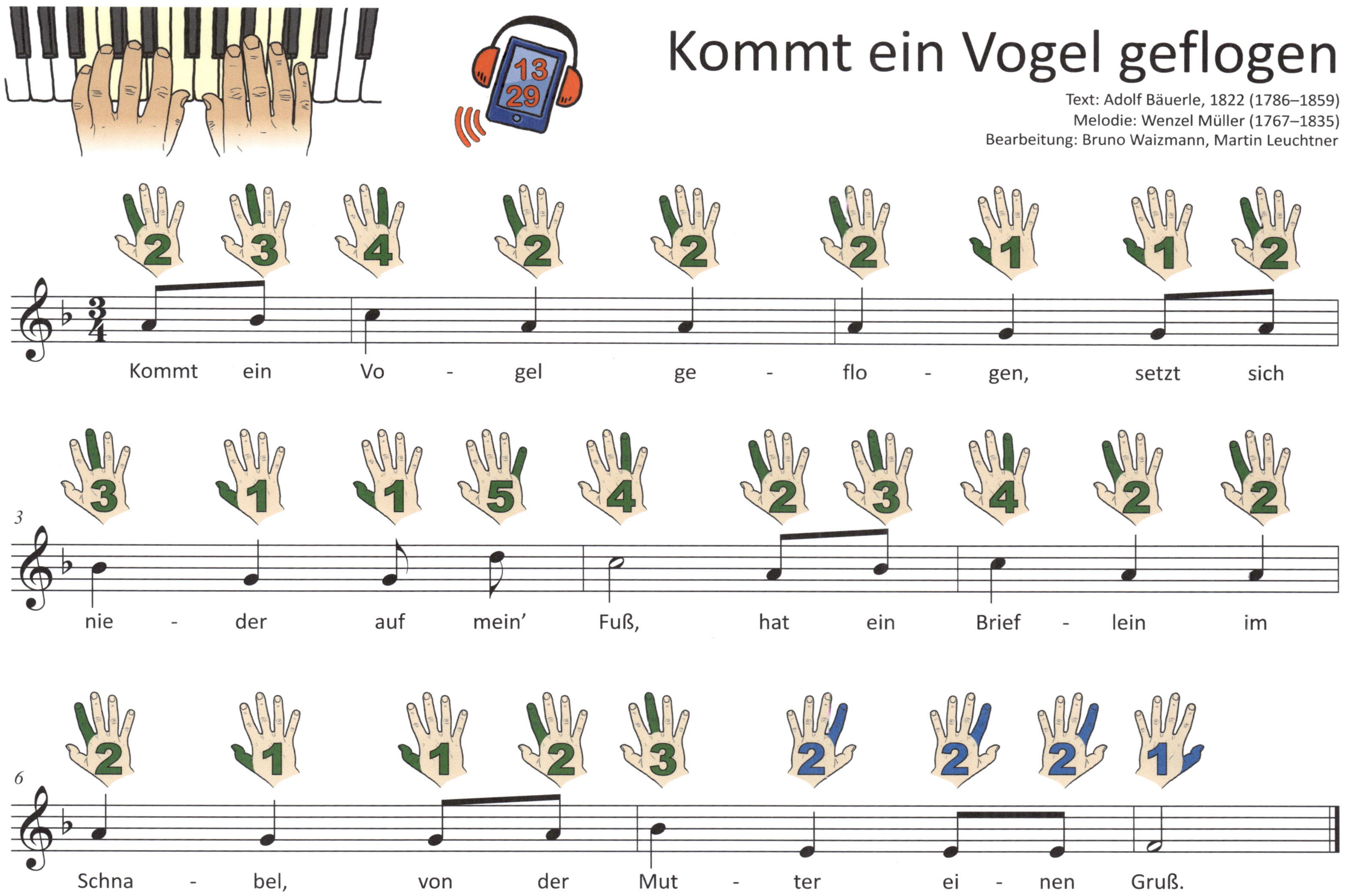

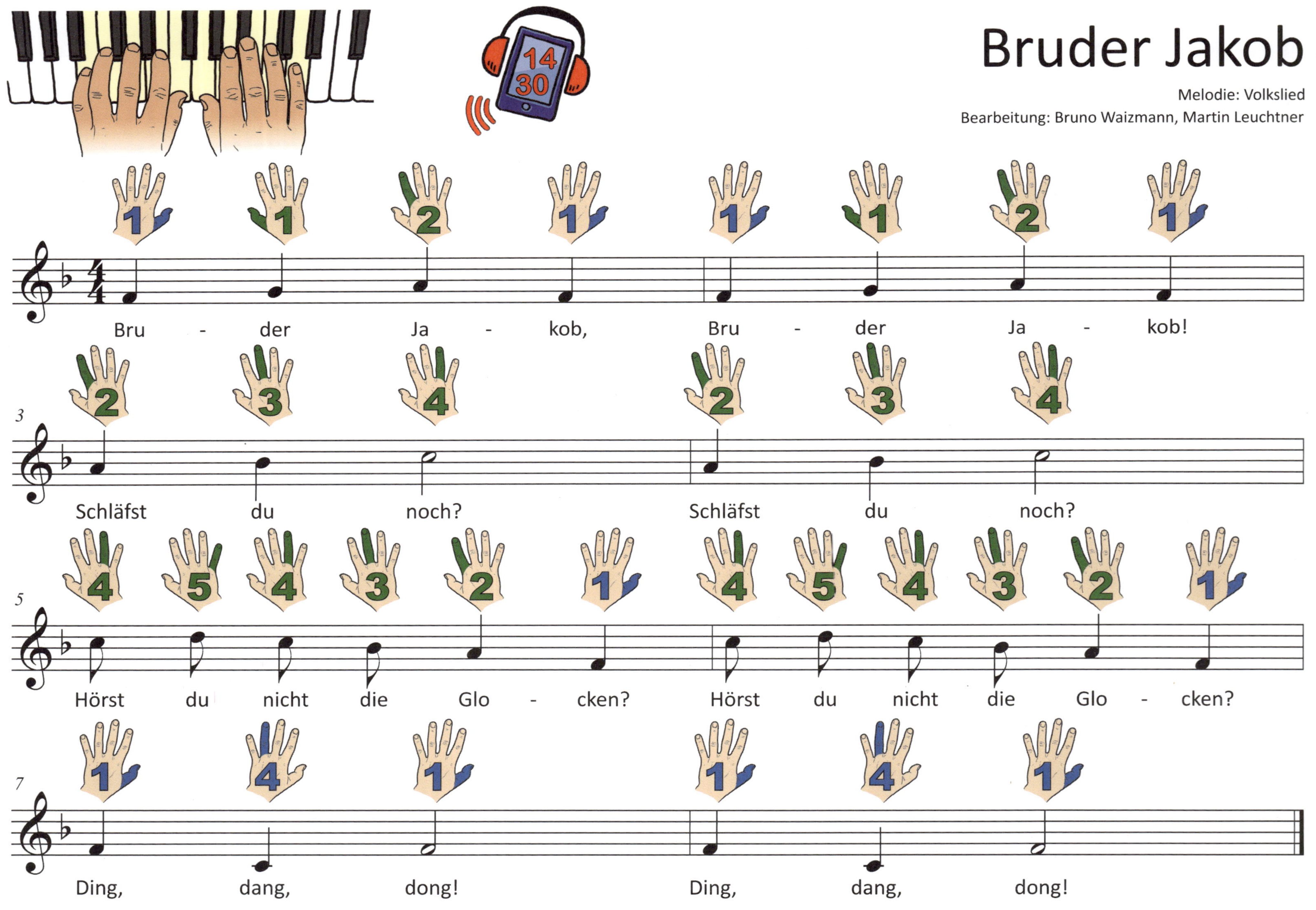
14
30
Bruder Jakob
Melodie: Volkslied
Bearbeitung: Bruno Waizmann, Martin Leuchtner
Bru - der Ja - kob, Bru - der Ja - kob!
Schläfst du noch? Schläfst du noch?
Hörst du nicht die Glo - cken? Hörst du nicht die Glo - cken?
Ding, dang, dong! Ding, dang, dong!

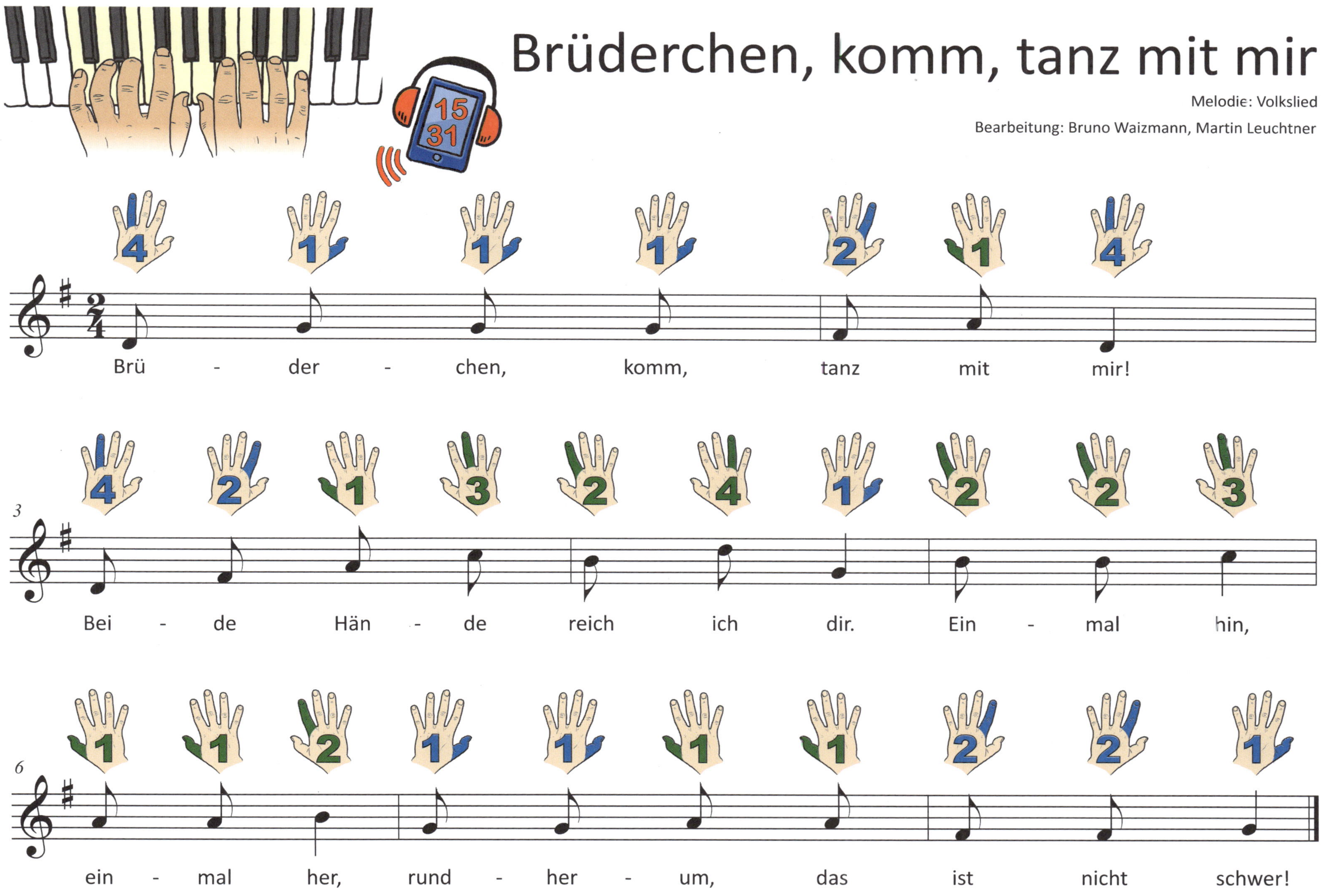
15
31
Brüderchen, komm, tanz mit mir
Melodie: Volkslied
Bearbeitung: Bruno Waizmann, Martin Leuchtner
4 1 1 1 2 1 4
Brü - der - chen, komm, tanz mit mir!
3
4 2 1 3 2 4 1 2 2 3
Bei - de Hän - de reich ich dir. Ein - mal hin,
6
1 1 2 1 1 1 1 2 2 1
ein - mal her, rund - her - um, das ist nicht schwer!

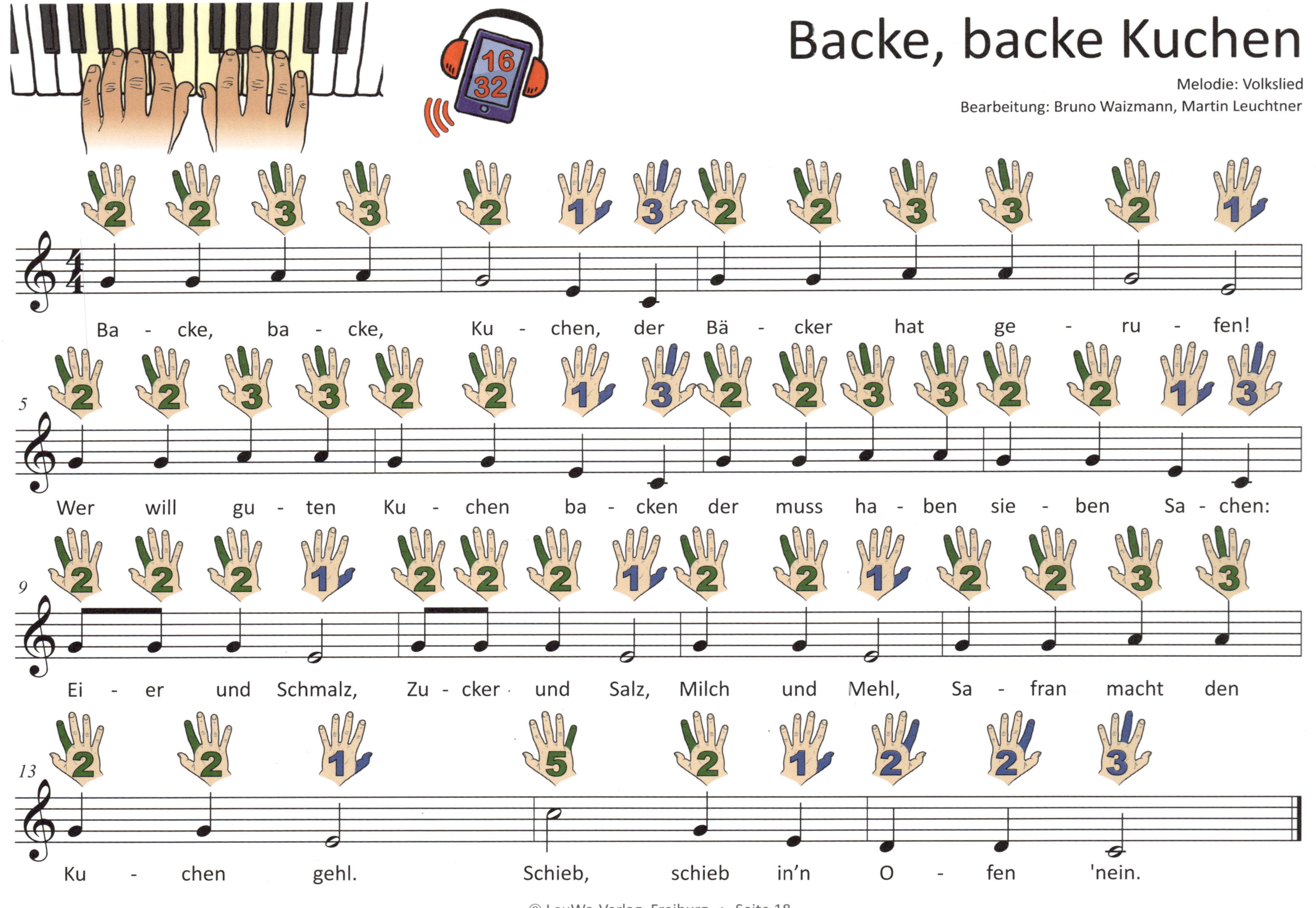
Backe, backe Kuchen
Melodie: Volkslied
Bearbeitung: Bruno Waizmann, Martin Leuchtner
16
32
Ba - cke, ba - cke, Ku - chen, der Bä - cker hat ge - ru - fen!
Wer will gu - ten Ku - chen ba - cken der muss ha - ben sie - ben Sa - chen:
Ei - er und Schmalz, Zu - cker und Salz, Milch und Mehl, Sa - fran macht den
Ku - chen gehl. Schieb, schieb in’n O - fen 'nein.

Einfacher! Geht Nicht®

# 18 Kinderlieder BAND 2



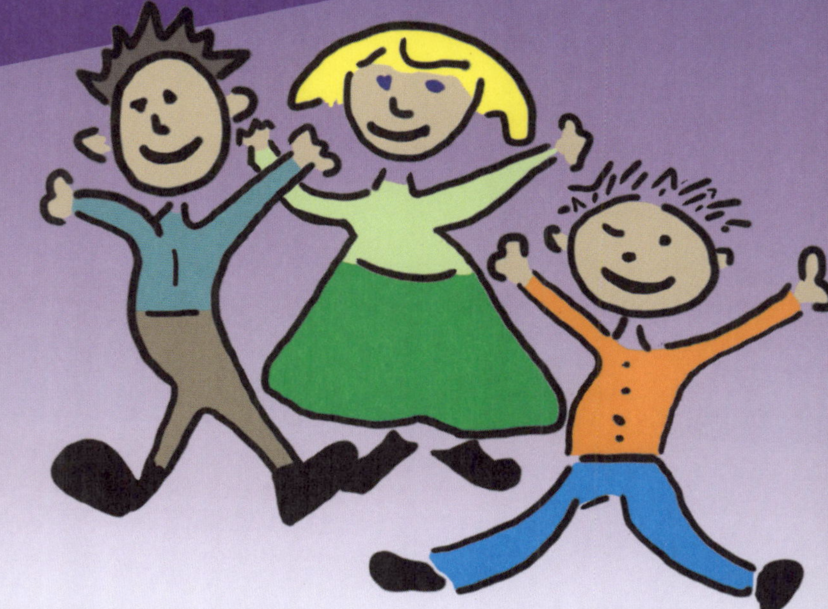

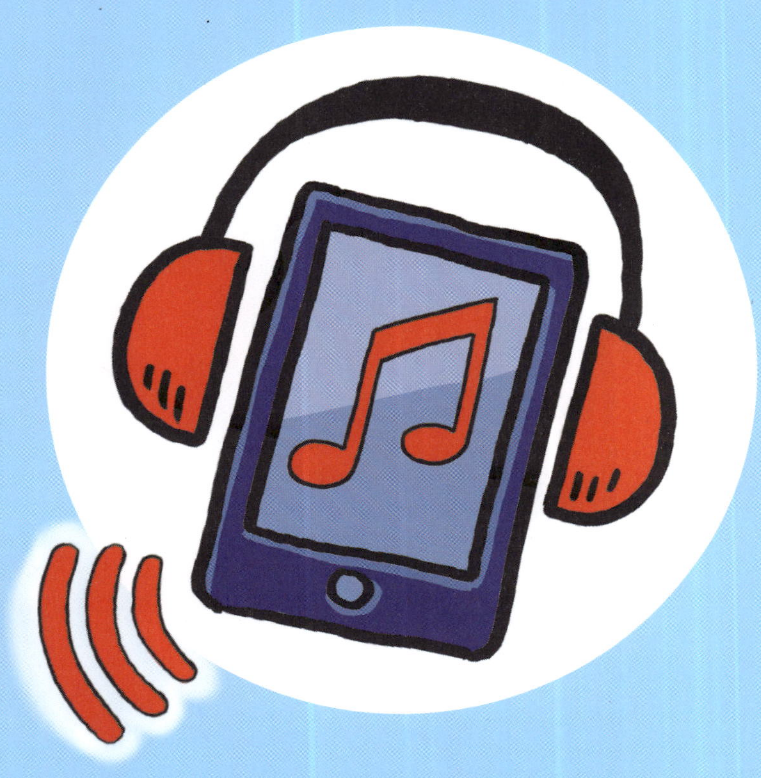

| Titel | Play-Along | Instrumental |
|---|---|---|
| In meinem kleinen Apfel | **01** Play-Along | **22** Instrumental |
| Klein Häschen wollt spazieren gehn | **02** Play-Along | **23** Instrumental |
| Auf einem Baum ein Kuckuck saß | **03** Play-Along | **24** Instrumental |
| A B C, die Katze lief im Schnee | **04** Play-Along | **25** Instrumental |
| Auf der Mauer, auf der Lauer | **05** Play-Along | **26** Instrumental |
| Ein Männlein steht im Walde | **06** Play-Along | **27** Instrumental |
| Es tanzt ein Bi-Ba-Butzemann | **07** Play-Along | **28** Instrumental |
| Grün, grün, grün sind alle meine Kleider | **08** Play-Along | **29** Instrumental |
| Ich bin ein kleines Eselchen | **09** Play-Along | **30** Instrumental |
| Ri-ra-rutsch, wir fahren mit der Kutsch | **10** Play-Along | **31** Instrumental |
| Tschuck, tschuck, tschuck die Eisenbahn | **11** Play-Along | **32** Instrumental |
| Wer will fleißige Handwerker sehn | **12** Play-Along | **33** Instrumental |
| Zeigt her eure Füße | **13** Play-Along | **34** Instrumental |
| Alle Vögel sind schon da (C-DUR) | **14** Play-Along | **35** Instrumental |
| Alle Vögel sind schon da (D-DUR) | **15** Play-Along | **36** Instrumental |
| Suse, liebe Suse (C-DUR) | **16** Play-Along | **37** Instrumental |
| Suse, liebe Suse (F-DUR) | **17** Play-Along | **38** Instrumental |
| Der Kuckuck und der Esel (C-DUR) | **18** Play-Along | **39** Instrumental |
| Der Kuckuck und der Esel (G-DUR) | **19** Play-Along | **40** Instrumental |
| Dornröschen war ein schönes Kind | **20** Play-Along | **41** Instrumental |
| Hoppe, hoppe Reiter | **21** Play-Along | **42** Instrumental |

**Play-Along:** Langsames Tempo mit Einzähl-Klick.
**Instrumental:** Zum Kennenlernen der Melodie, Mitsingen oder Mitspielen für Profis.

Scanne den **QR-Code** zum Download der Tracks oder zum Anhören ohne Anmeldung bei **SoundCloud®**

**Oder wähle deinen Streaming-Dienst:**
**Spotify® Deezer® amazon music® YouTube®**

Hier findest du auch weitere Ergänzungen, Liedtexte, Klavierbegleitungen und Zweitstimmen.

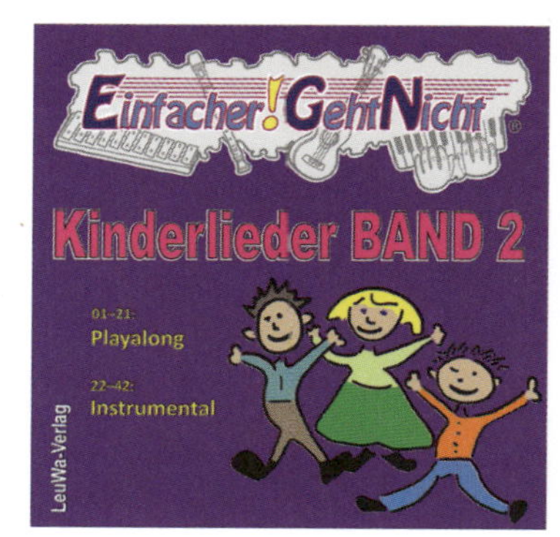

EGN517-aud.LeuWa.de

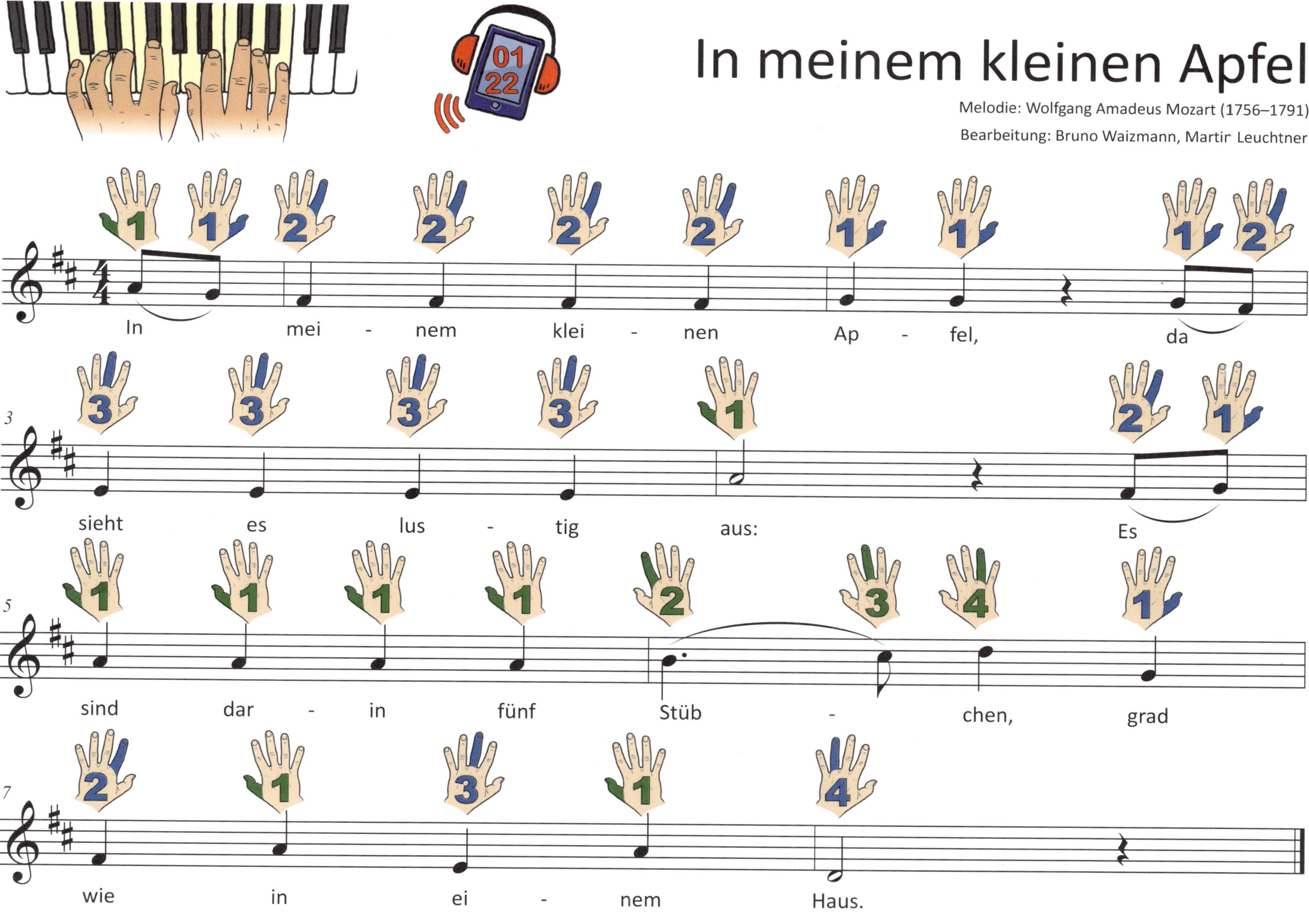
01
22
In meinem kleinen Apfel
Melodie: Wolfgang Amadeus Mozart (1756–1791)
Bearbeitung: Bruno Waizmann, Martin Leuchtner
In mei - nem klei - nen Ap - fel, da
3
sieht es lus - tig aus: Es
5
sind dar - in fünf Stüb - chen, grad
7
wie in ei - nem Haus.

# Klein Häschen wollt spazieren gehn

Melodie: traditionell

Bearbeitung: Bruno Waizmann, Martin Leuchtner

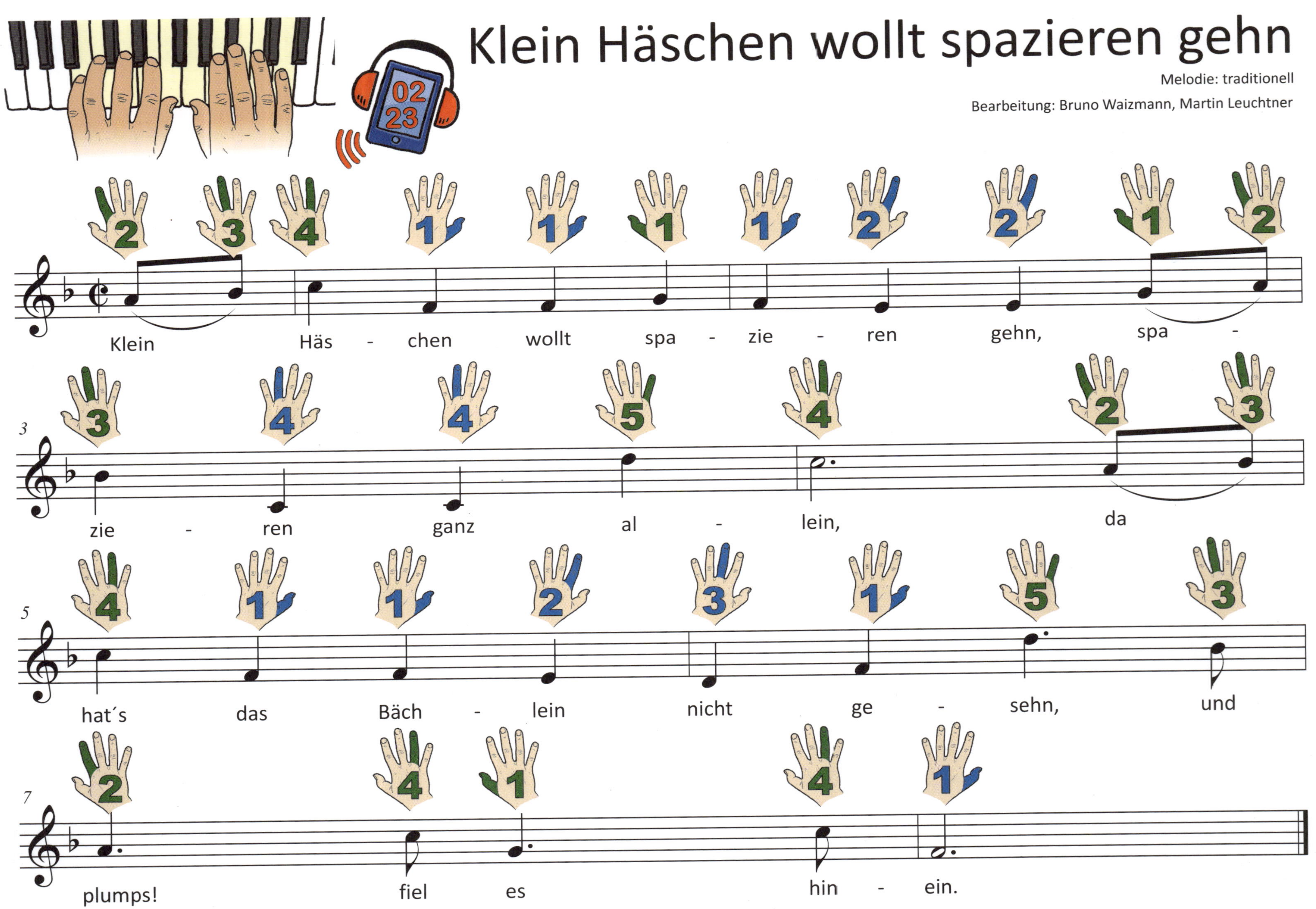

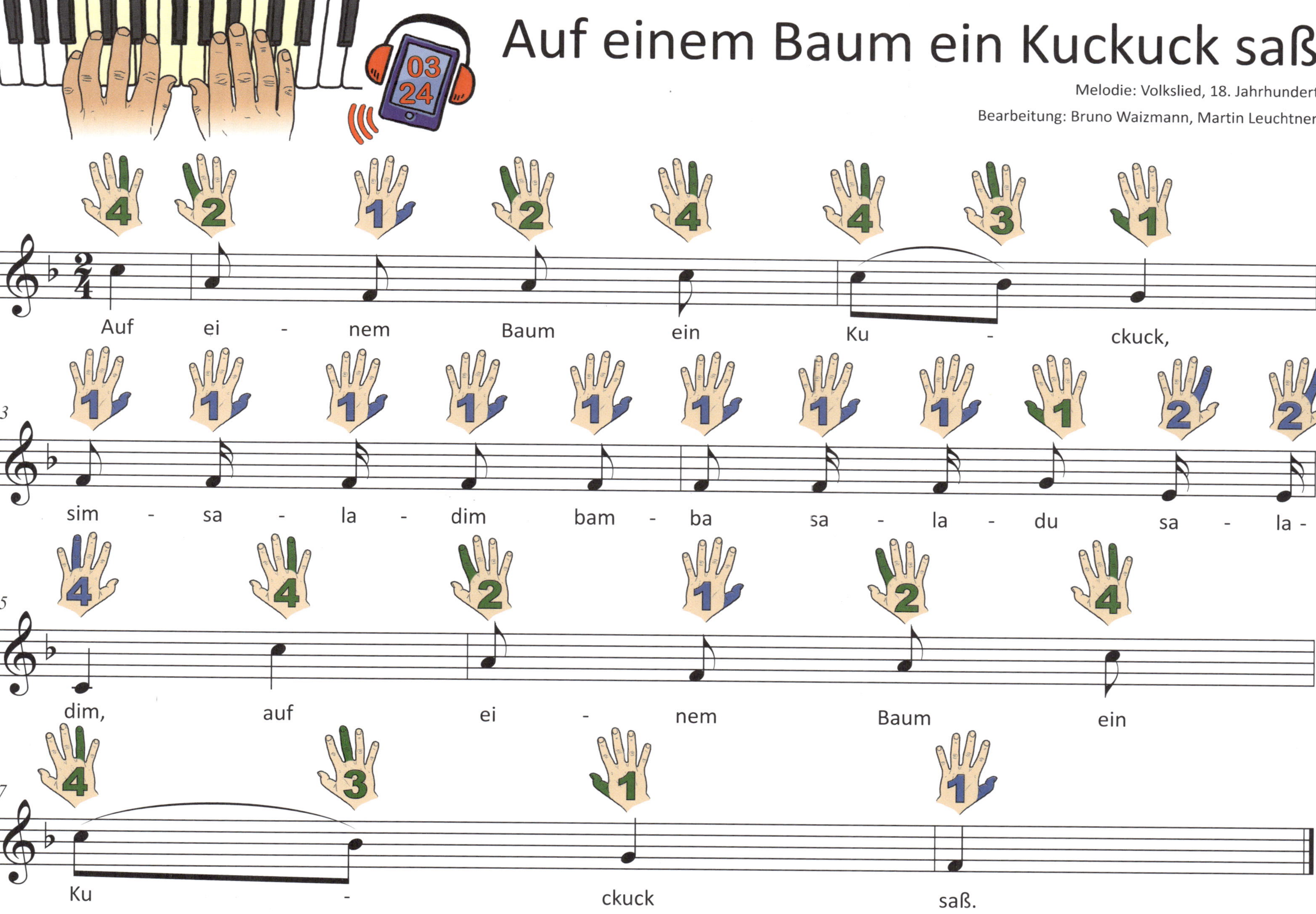
03
24
Auf einem Baum ein Kuckuck saß
Melodie: Volkslied, 18. Jahrhundert
Bearbeitung: Bruno Waizmann, Martin Leuchtner
4 2 1 2 4 4 3 1
Auf ei - nem Baum ein Ku - ckuck,
1 1 1 1 1 1 1 1 1 2 2
sim - sa - la - dim bam - ba sa - la - du sa - la -
4 4 2 1 2 4
dim, auf ei - nem Baum ein
4 3 1 1
Ku - ckuck saß.

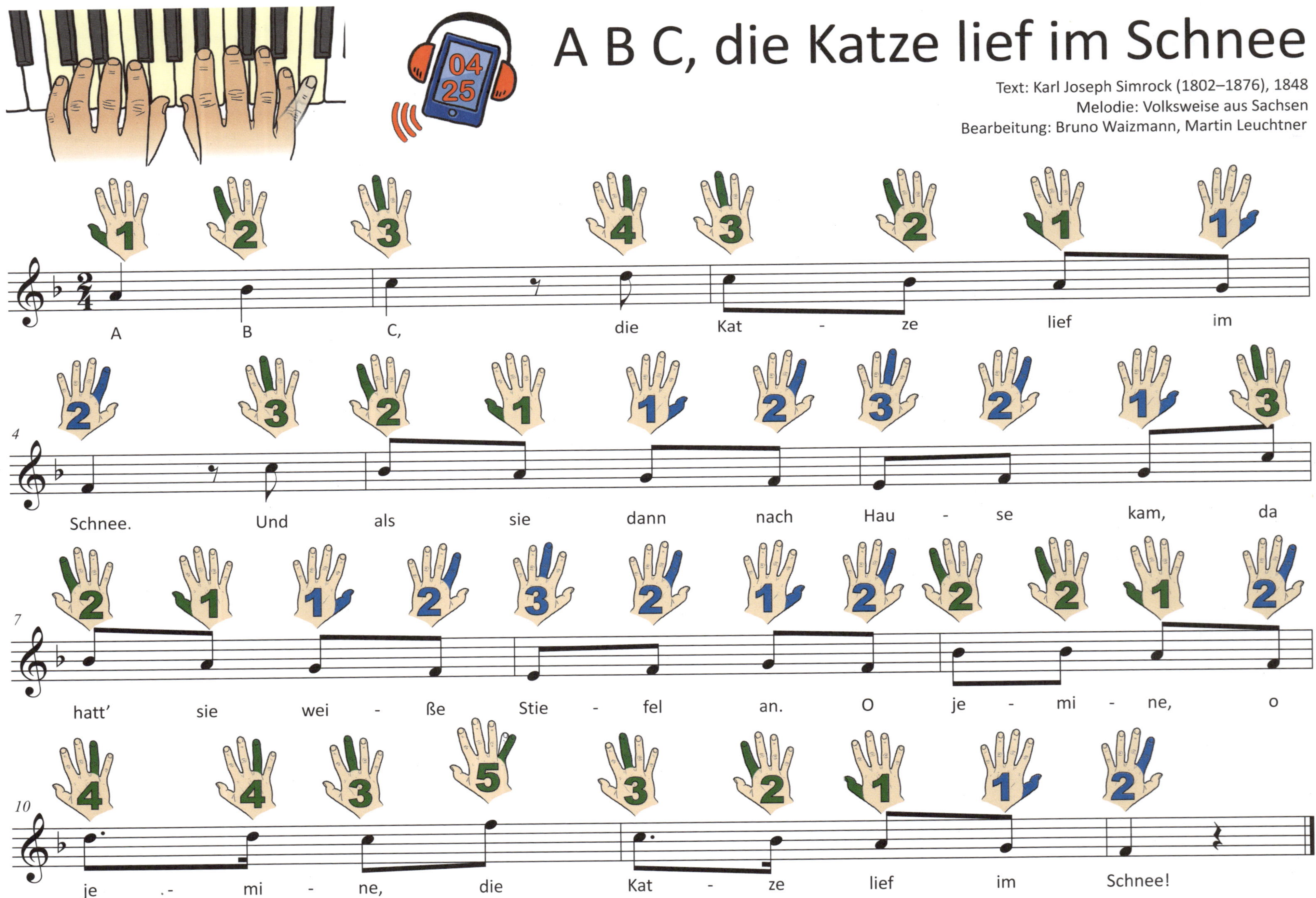
04
25
A B C, die Katze lief im Schnee
Text: Karl Joseph Simrock (1802–1876), 1848
Melodie: Volksweise aus Sachsen
Bearbeitung: Bruno Waizmann, Martin Leuchtner
A B C, die Kat - ze lief im
Schnee. Und als sie dann nach Hau - se kam, da
hatt' sie wei - ße Stie - fel an. O je - mi - ne, o
je - mi - ne, die Kat - ze lief im Schnee!

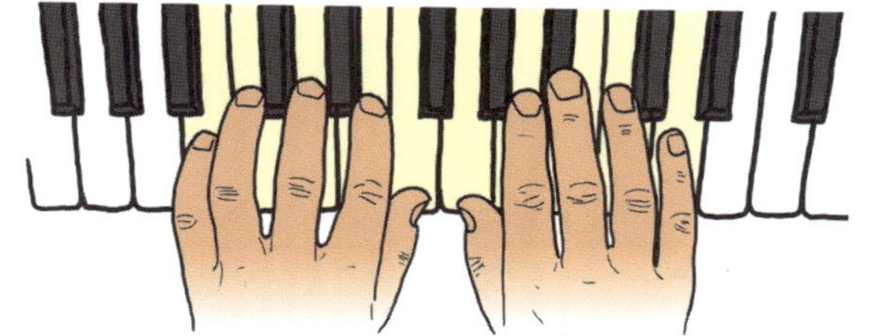

# Auf der Mauer, auf der Lauer

Bearbeitung: Bruno Waizmann, Martin Leuchtner

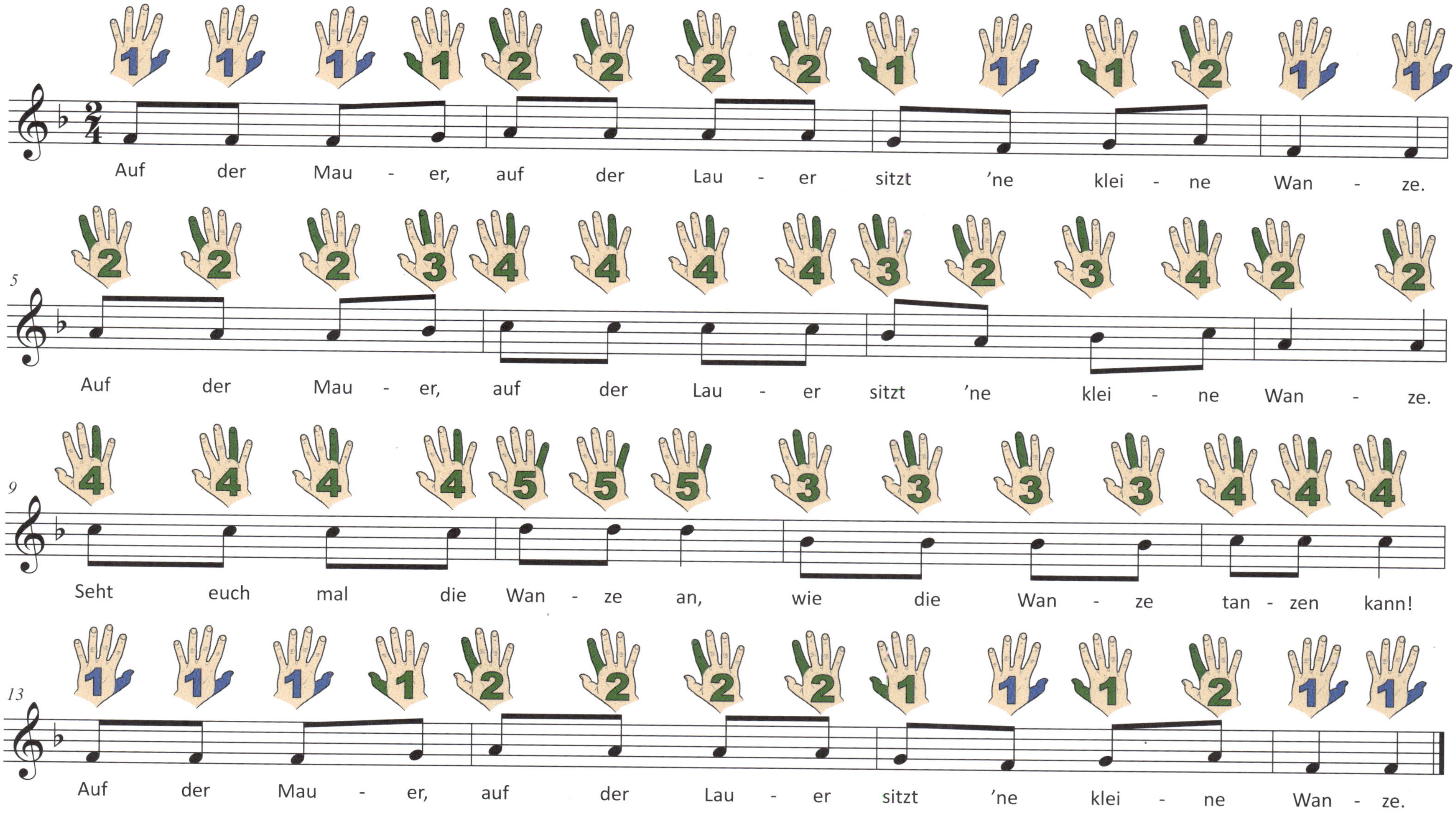

1 1 1 1 2 2 2 2 1 1 1 2 1 1

Auf der Mau - er, auf der Lau - er sitzt 'ne klei - ne Wan - ze.

2 2 2 3 4 4 4 4 3 2 3 4 2 2

5 Auf der Mau - er, auf der Lau - er sitzt 'ne klei - ne Wan - ze.

4 4 4 4 5 5 5 3 3 3 3 4 4 4

9 Seht euch mal die Wan - ze an, wie die Wan - ze tan - zen kann!

1 1 1 1 2 2 2 2 1 1 1 2 1 1

13 Auf der Mau - er, auf der Lau - er sitzt 'ne klei - ne Wan - ze.

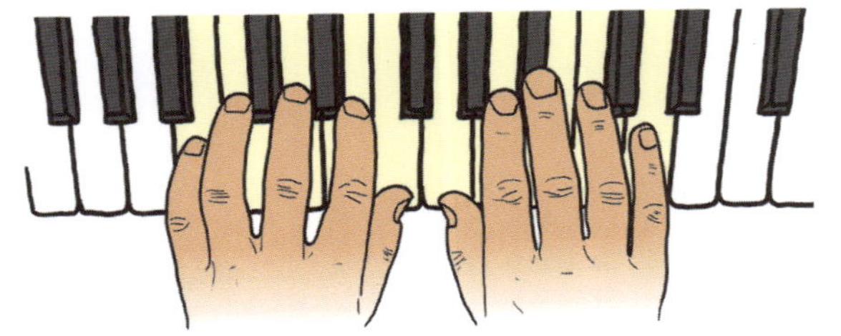

# Ein Männlein steht im Walde

Text: Heinrich Hoffmann von Fallersleben (1798–1874), 1843
Melodie: Volksweise vom Niederrhein, 19. Jahrhundert
Bearbeitung: Bruno Waizmann, Martin Leuchtner

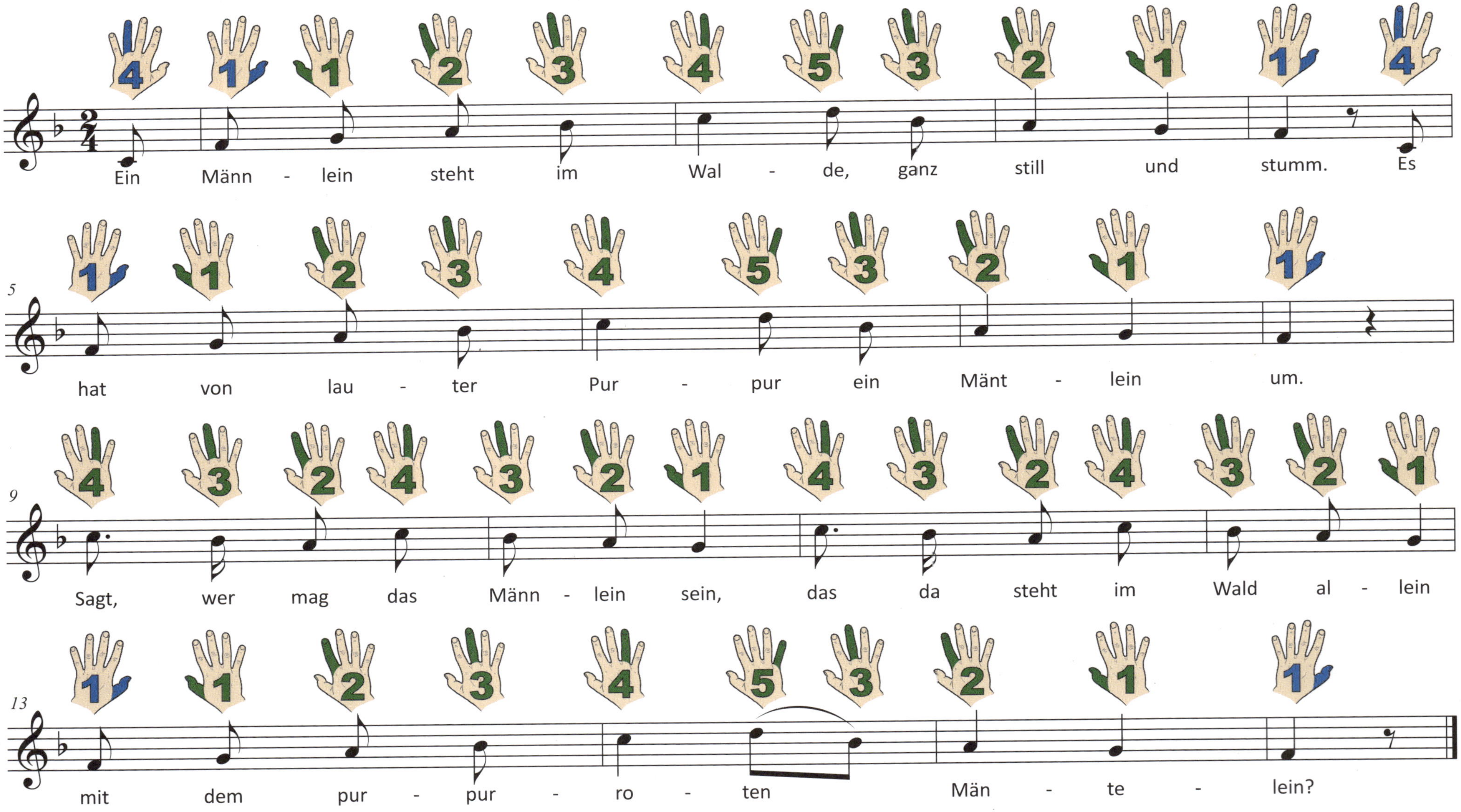

4 1 1 2 3 4 5 3 2 1 1 4

Ein Männ - lein steht im Wal - de, ganz still und stumm. Es

5
1 1 2 3 4 5 3 2 1 1

hat von lau - ter Pur - pur ein Mänt - lein um.

9
4 3 2 4 3 2 1 4 3 2 4 3 2 1

Sagt, wer mag das Männ - lein sein, das da steht im Wald al - lein

13
1 1 2 3 4 5 3 2 1 1

mit dem pur - pur - ro - ten Män - te - lein?

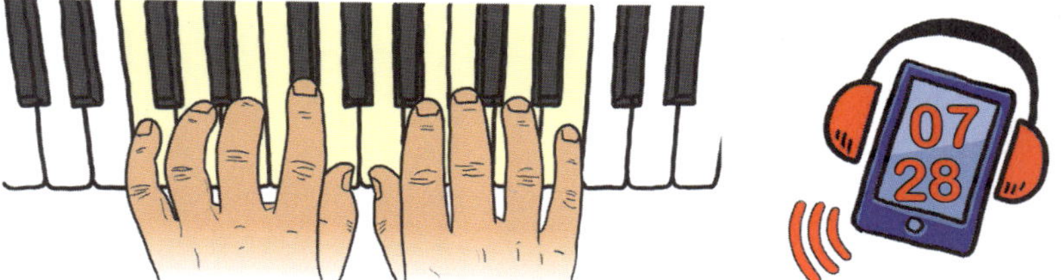

# Es tanzt ein Bi-Ba-Butzemann

Melodie: Volkslied

Bearbeitung: Bruno Waizmann, Martin Leuchtner

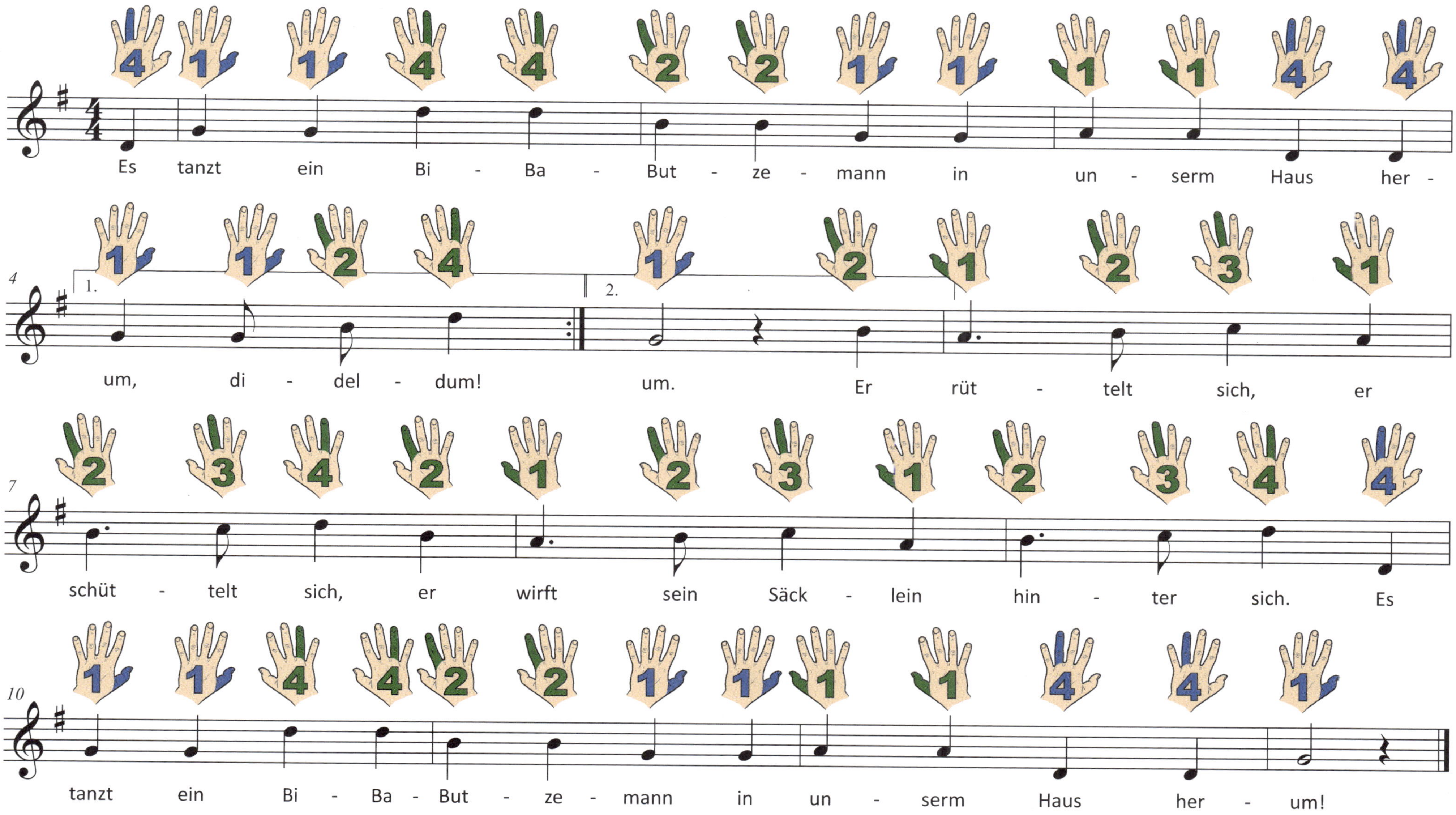

Es tanzt ein Bi - Ba - But - ze - mann in un - serm Haus her -

4 1. um, di - del - dum! 2. um. Er rüt - telt sich, er

7 schüt - telt sich, er wirft sein Säck - lein hin - ter sich. Es

10 tanzt ein Bi - Ba - But - ze - mann in un - serm Haus her - um!

 ◆ 

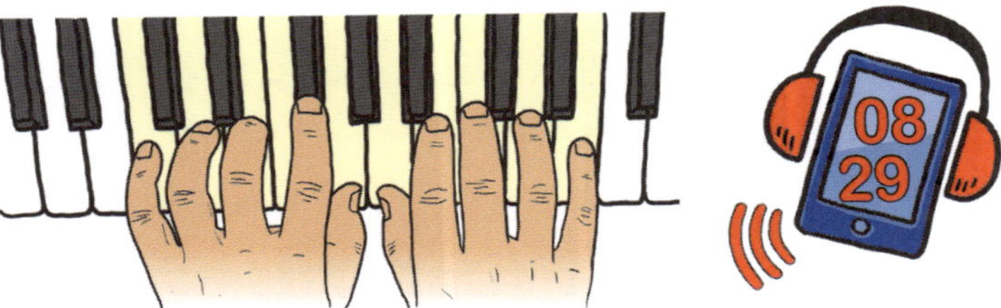

# Grün, grün, grün sind alle meine Kleider

Melodie: Volkslied, 19. Jahrhundert

Bearbeitung: Bruno Waizmann, Martin Leuchtner

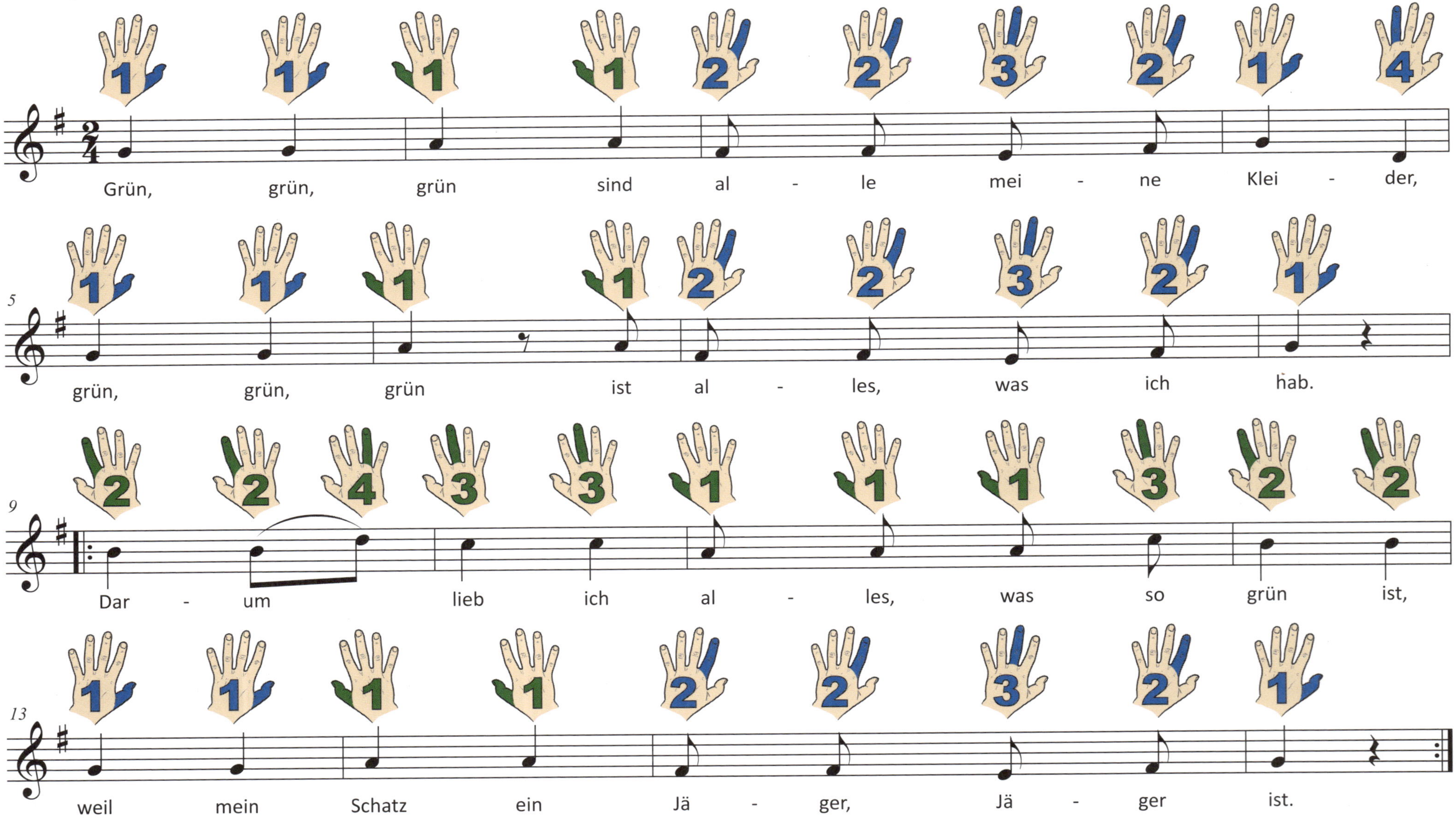

Grün, grün, grün sind al - le mei - ne Klei - der,

5 grün, grün, grün ist al - les, was ich hab.

9 Dar - um lieb ich al - les, was so grün ist,

13 weil mein Schatz ein Jä - ger, Jä - ger ist.

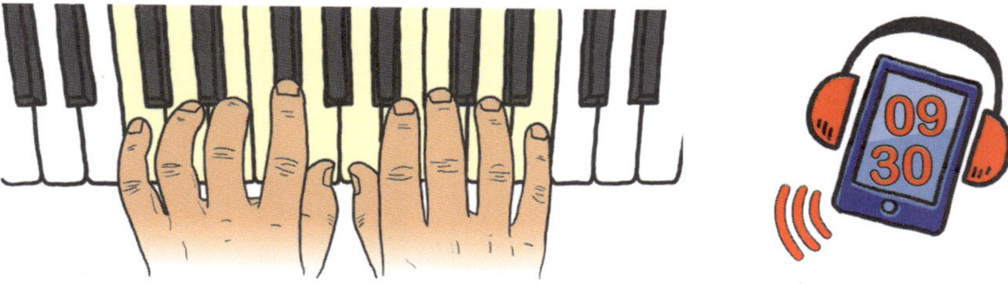

# Ich bin ein kleines Eselchen

Bearbeitung: Bruno Waizmann, Martin Leuchtner

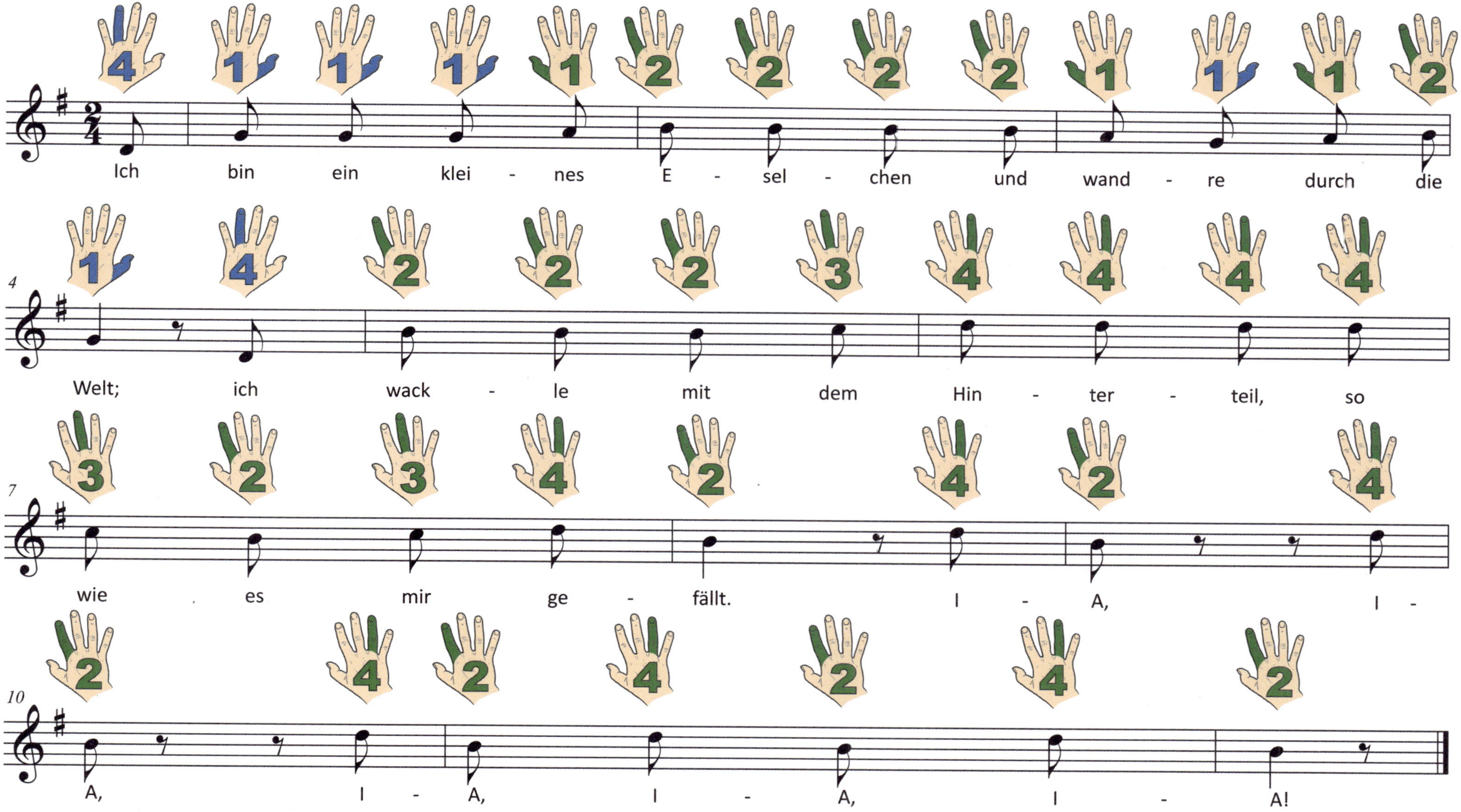

4 1 1 1 1 2 2 2 2 1 1 1 2

Ich bin ein klei - nes E - sel - chen und wand - re durch die

1 4 2 2 2 3 4 4 4 4

4 Welt; ich wack - le mit dem Hin - ter - teil, so

3 2 3 4 2 4 2 4

7 wie es mir ge - fällt. I - A, I -

2 4 2 4 2 4 2

10 A, I - A, I - A, I - A!

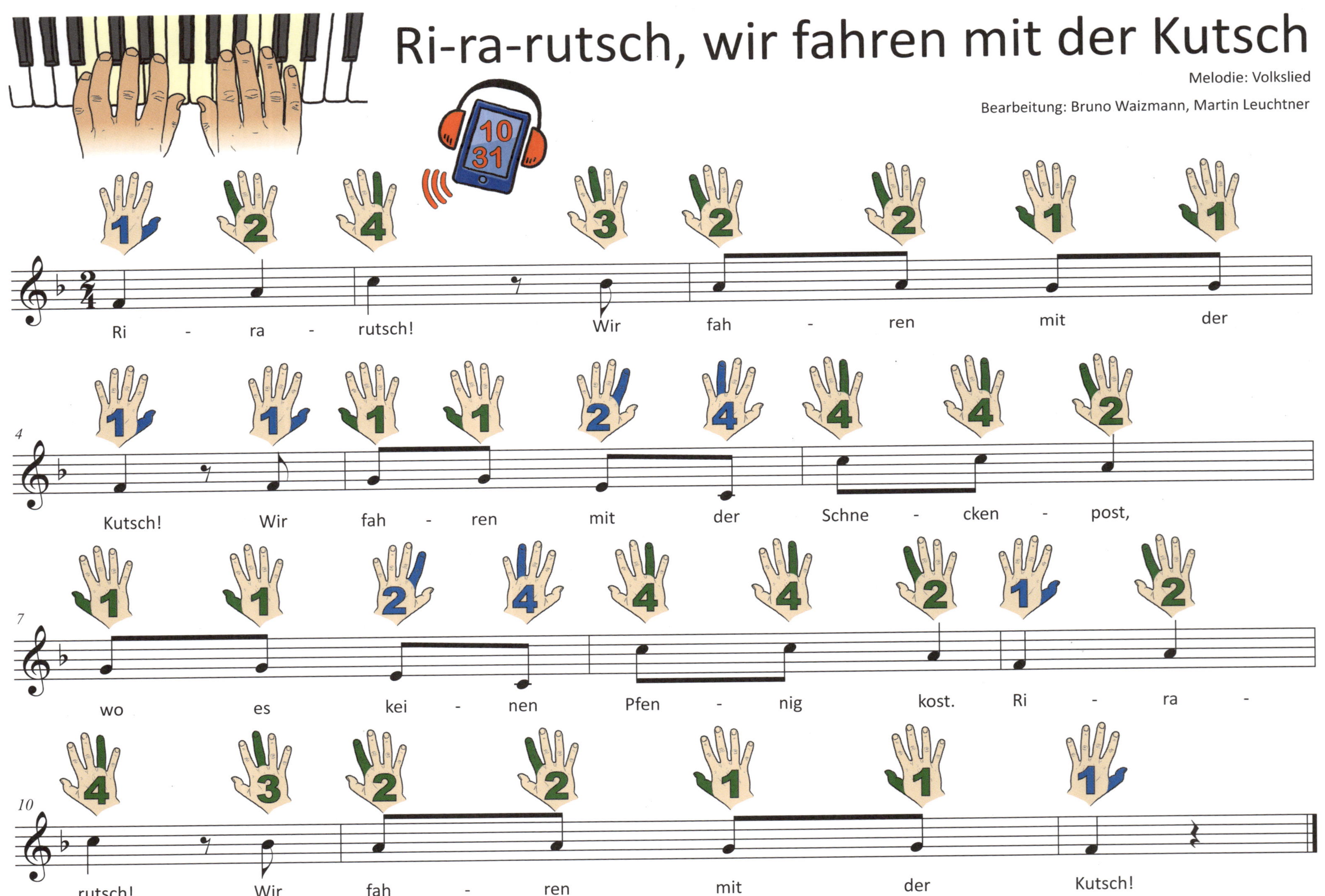
Ri-ra-rutsch, wir fahren mit der Kutsch
Melodie: Volkslied
Bearbeitung: Bruno Waizmann, Martin Leuchtner
10
31
Ri - ra - rutsch! Wir fah - ren mit der
Kutsch! Wir fah - ren mit der Schne - cken - post,
wo es kei - nen Pfen - nig kost. Ri - ra -
rutsch! Wir fah - ren mit der Kutsch!

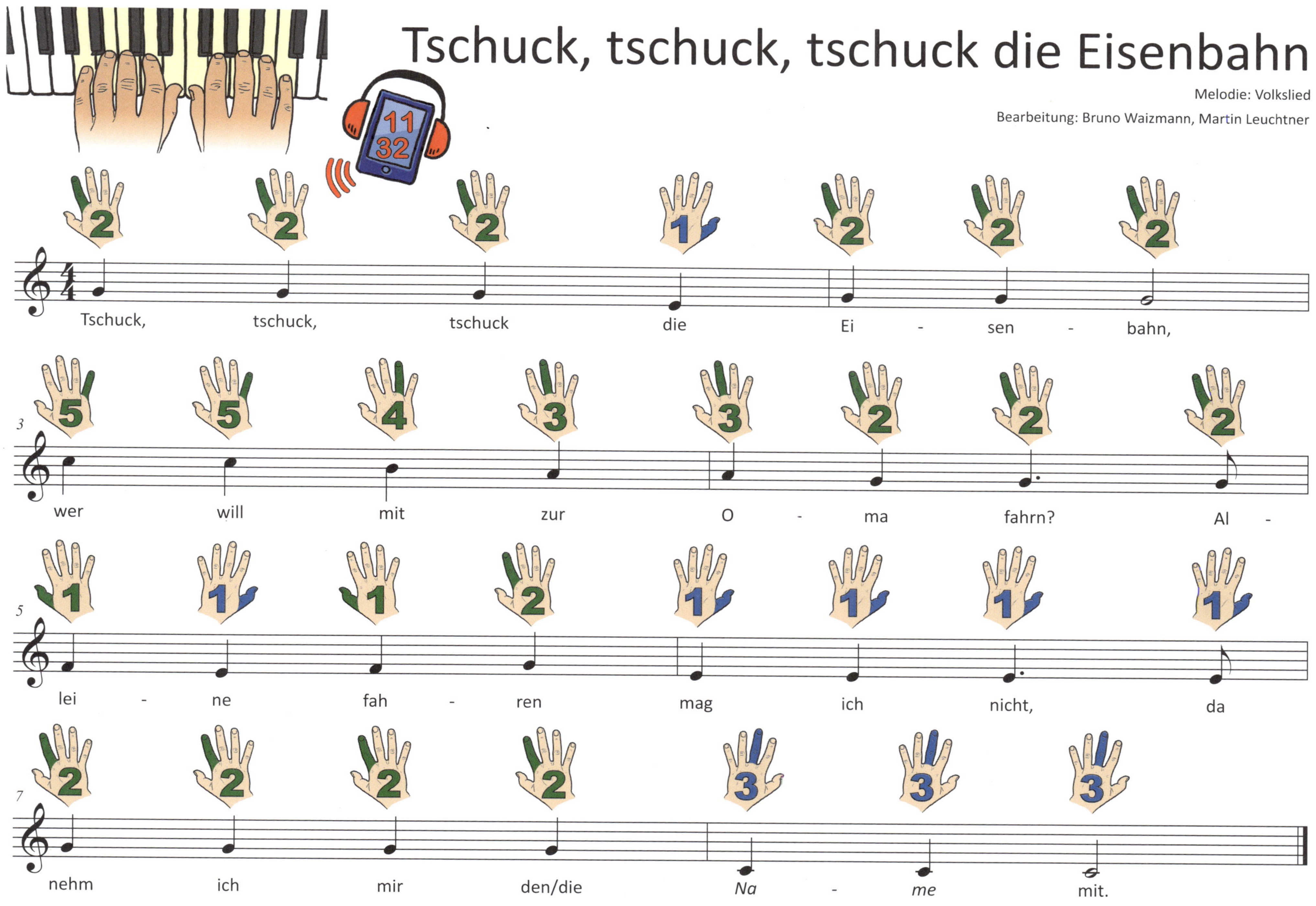
Tschuck, tschuck, tschuck die Eisenbahn
Melodie: Volkslied
Bearbeitung: Bruno Waizmann, Martin Leuchtner
11
32
2 2 2 1 2 2 2
Tschuck, tschuck, tschuck die Ei - sen - bahn,
3
5 5 4 3 3 2 2 2
wer will mit zur O - ma fahrn? Al -
5
1 1 1 2 1 1 1 1
lei - ne fah - ren mag ich nicht, da
7
2 2 2 2 3 3 3
nehm ich mir den/die *Na - me* mit.

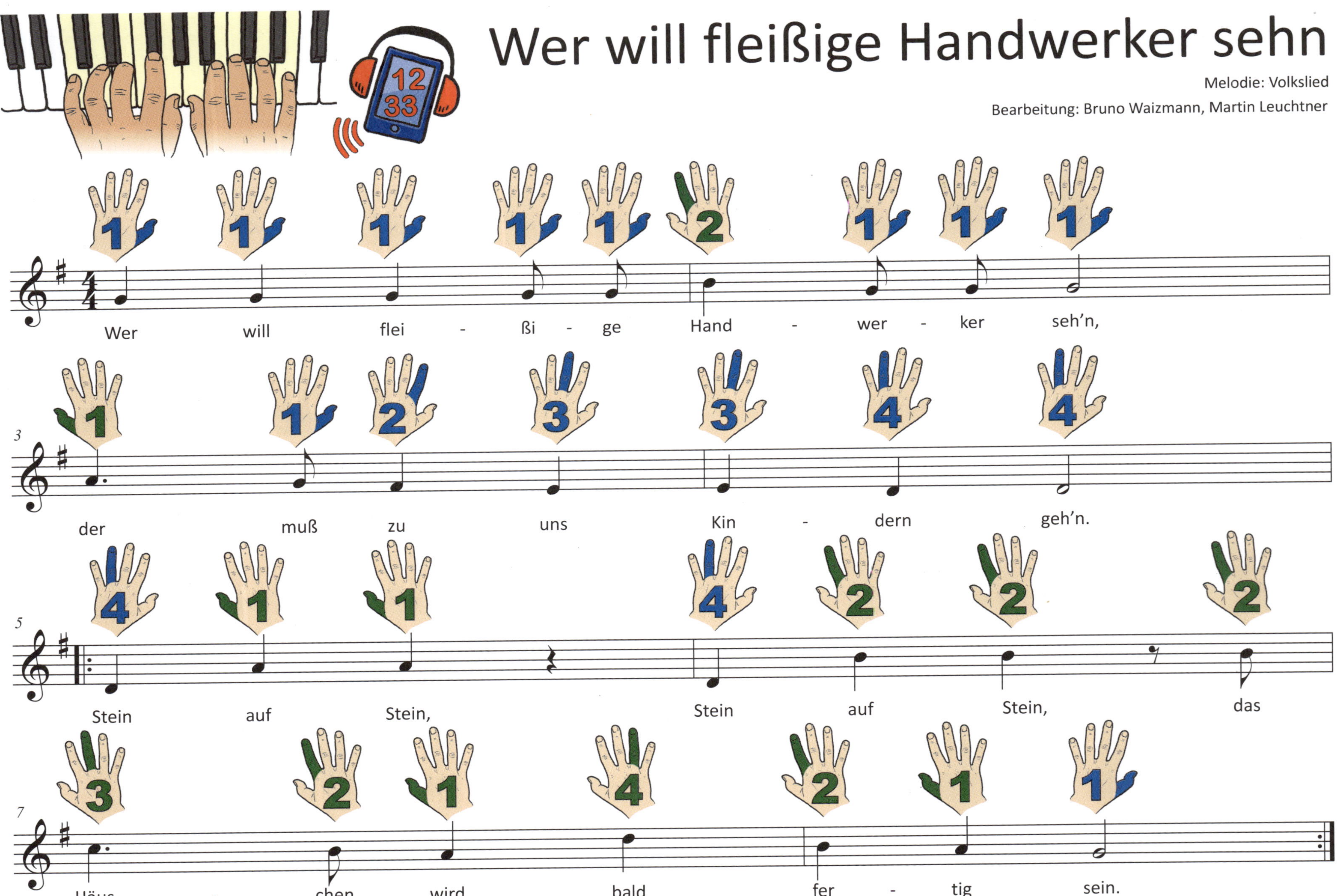
12
33
Wer will fleißige Handwerker sehn
Melodie: Volkslied
Bearbeitung: Bruno Waizmann, Martin Leuchtner
Wer will flei - ßi - ge Hand - wer - ker seh'n,
3
der muß zu uns Kin - dern geh'n.
5
Stein auf Stein, Stein auf Stein, das
7
Häus - chen wird bald fer - tig sein.

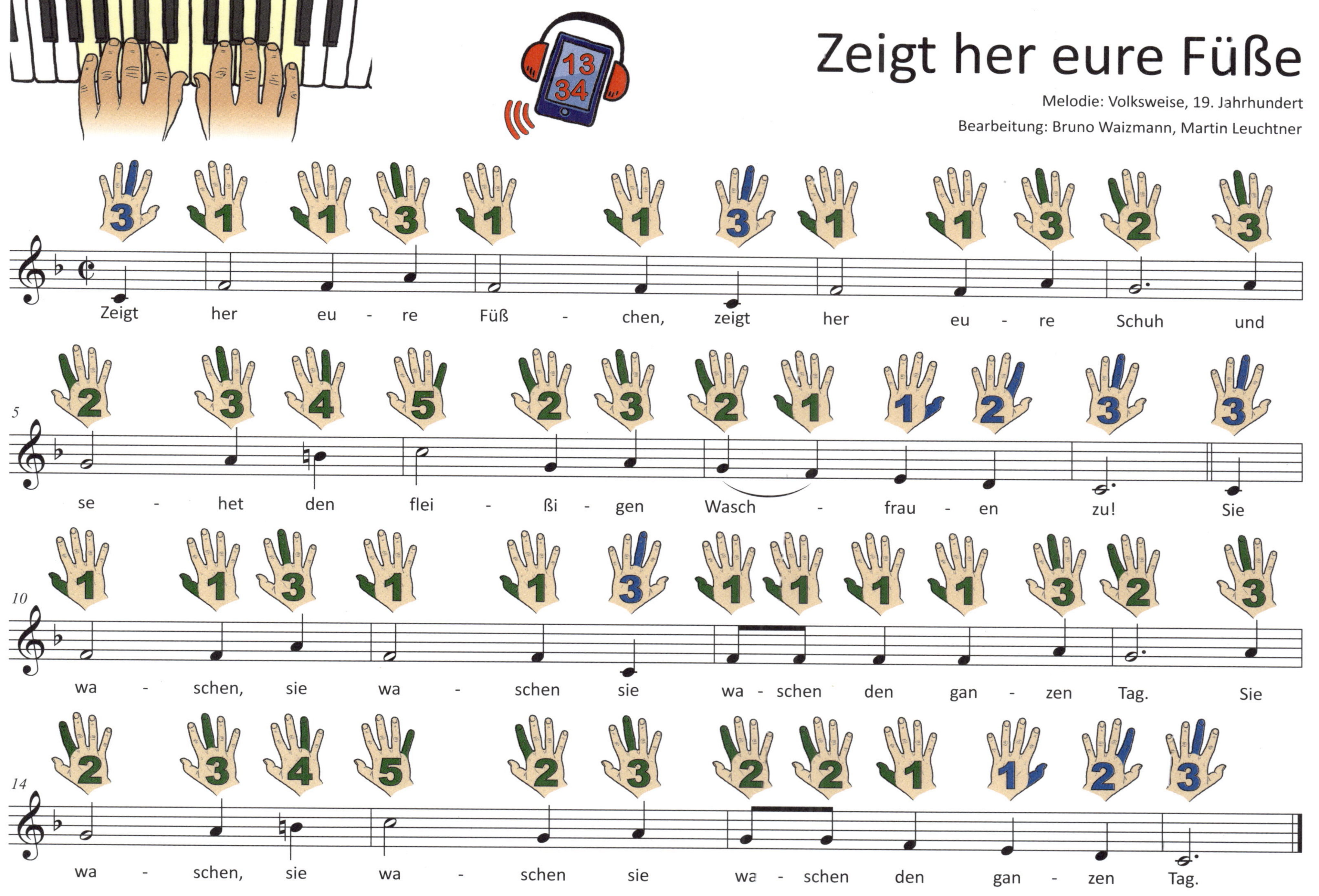
13
34
Zeigt her eure Füße
Melodie: Volksweise, 19. Jahrhundert
Bearbeitung: Bruno Waizmann, Martin Leuchtner
Zeigt her eu - re Füß - chen, zeigt her eu - re Schuh und
5
se - het den flei - ßi - gen Wasch - frau - en zu! Sie
10
wa - schen, sie wa - schen sie wa - schen den gan - zen Tag. Sie
14
wa - schen, sie wa - schen sie wa - schen den gan - zen Tag.

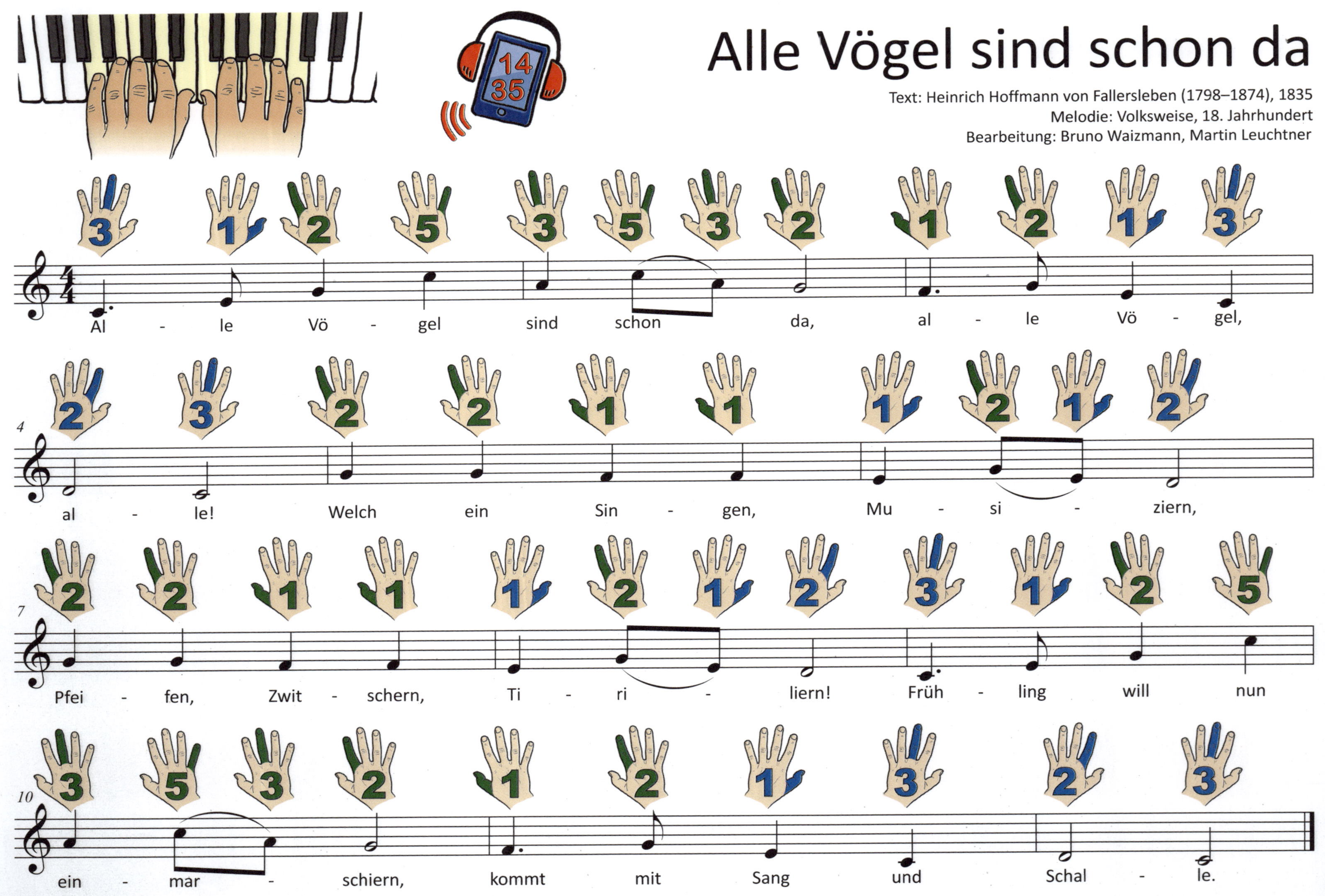
14
35
Alle Vögel sind schon da
Text: Heinrich Hoffmann von Fallersleben (1798–1874), 1835
Melodie: Volksweise, 18. Jahrhundert
Bearbeitung: Bruno Waizmann, Martin Leuchtner
Al - le Vö - gel sind schon da, al - le Vö - gel,
4
al - le! Welch ein Sin - gen, Mu - si - ziern,
7
Pfei - fen, Zwit - schern, Ti - ri - liern! Früh - ling will nun
10
ein - mar - schiern, kommt mit Sang und Schal - le.

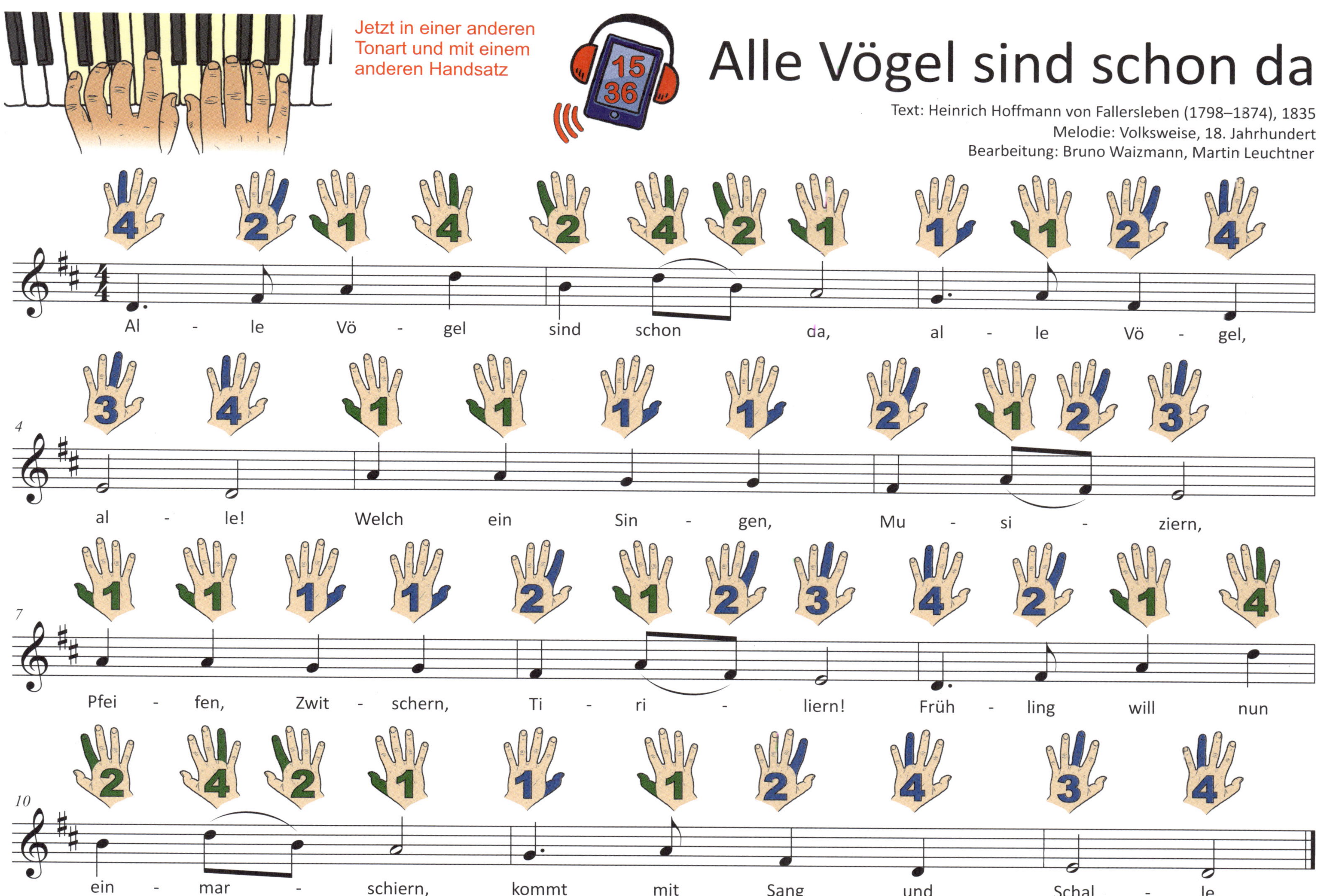
Jetzt in einer anderen Tonart und mit einem anderen Handsatz
15
36
Alle Vögel sind schon da
Text: Heinrich Hoffmann von Fallersleben (1798–1874), 1835
Melodie: Volksweise, 18. Jahrhundert
Bearbeitung: Bruno Waizmann, Martin Leuchtner
4 2 1 4 2 4 2 1 1 1 2 4
Al - le Vö - gel sind schon da, al - le Vö - gel,
4
3 4 1 1 1 1 2 1 2 3
al - le! Welch ein Sin - gen, Mu - si - ziern,
7
1 1 1 1 2 1 2 3 4 2 1 4
Pfei - fen, Zwit - schern, Ti - ri - liern! Früh - ling will nun
10
2 4 2 1 1 1 2 4 3 4
ein - mar - schiern, kommt mit Sang und Schal - le.

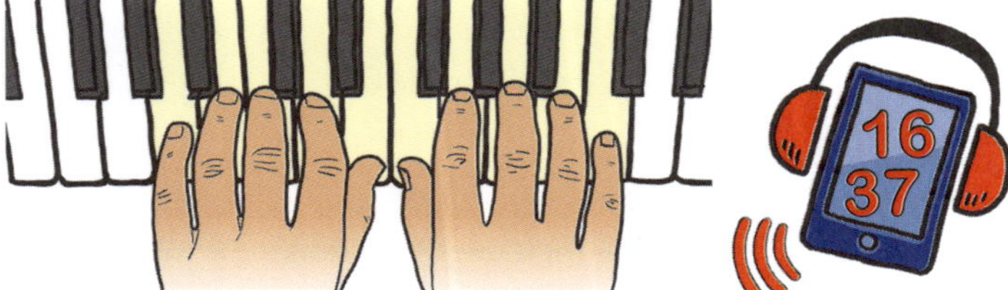

# Suse, liebe Suse (was raschelt im Stroh)

Melodie: Volkslied aus Norddeutschland

Bearbeitung: Bruno Waizmann, Martin Leuchtner

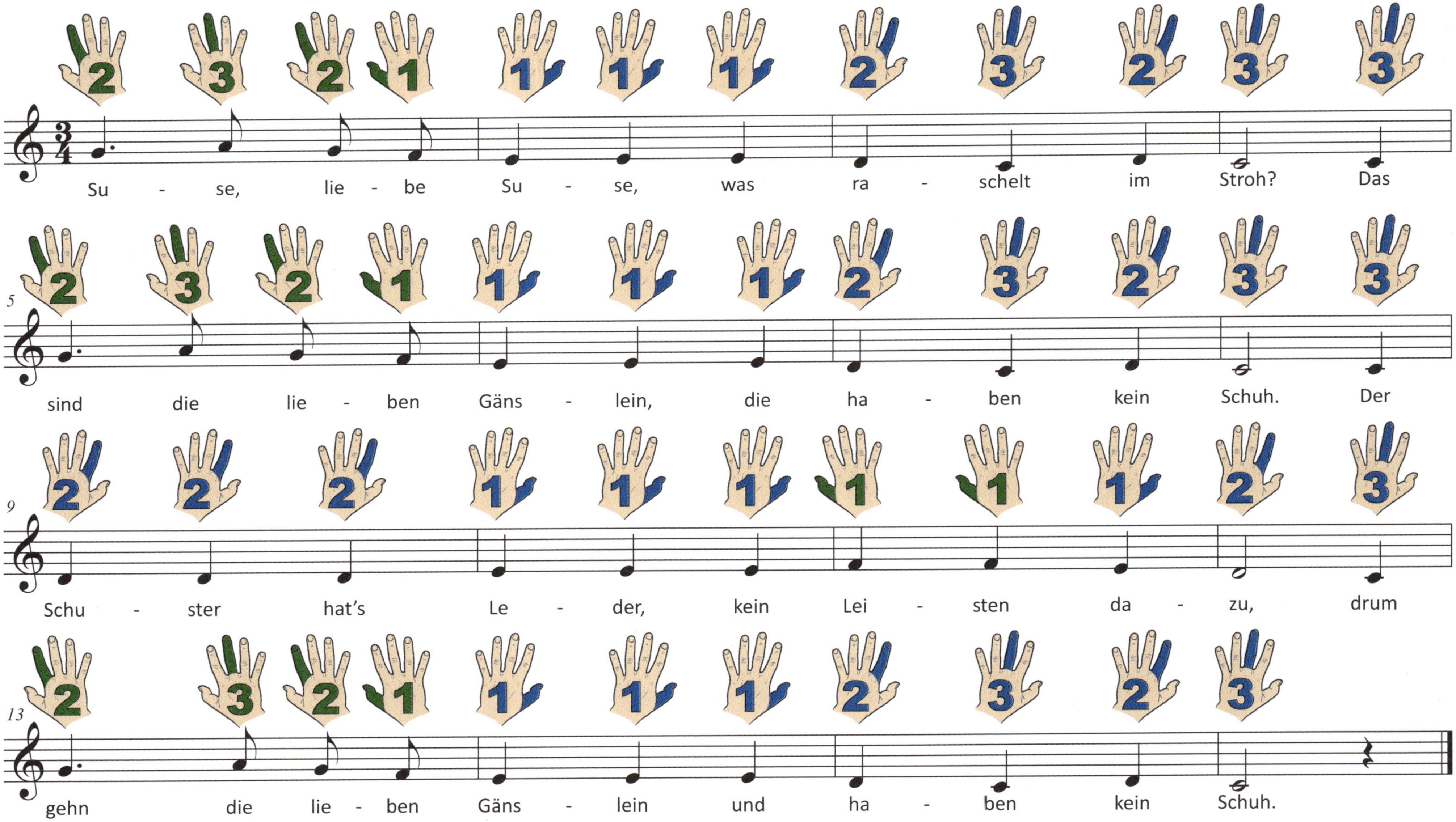

Su - se, lie - be Su - se, was ra - schelt im Stroh? Das

5 sind die lie - ben Gäns - lein, die ha - ben kein Schuh. Der

9 Schu - ster hat's Le - der, kein Lei - sten da - zu, drum

13 gehn die lie - ben Gäns - lein und ha - ben kein Schuh.

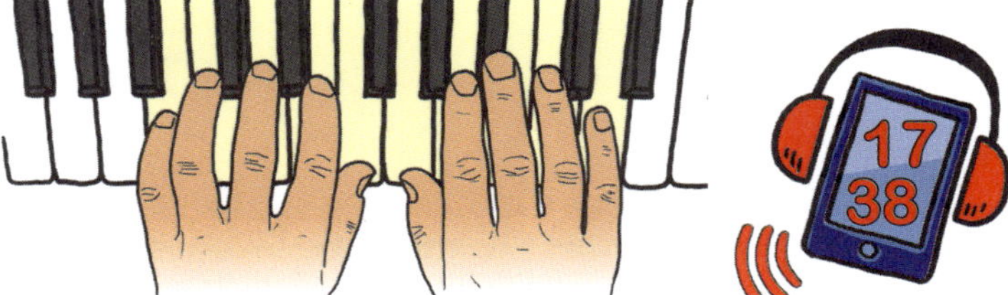

# Suse, liebe Suse (was raschelt im Stroh)

Jetzt in einer anderen Tonart und
mit einem anderen Handsatz

Melodie: Volkslied aus Norddeutschland
Bearbeitung: Bruno Waizmann, Martin Leuchtner

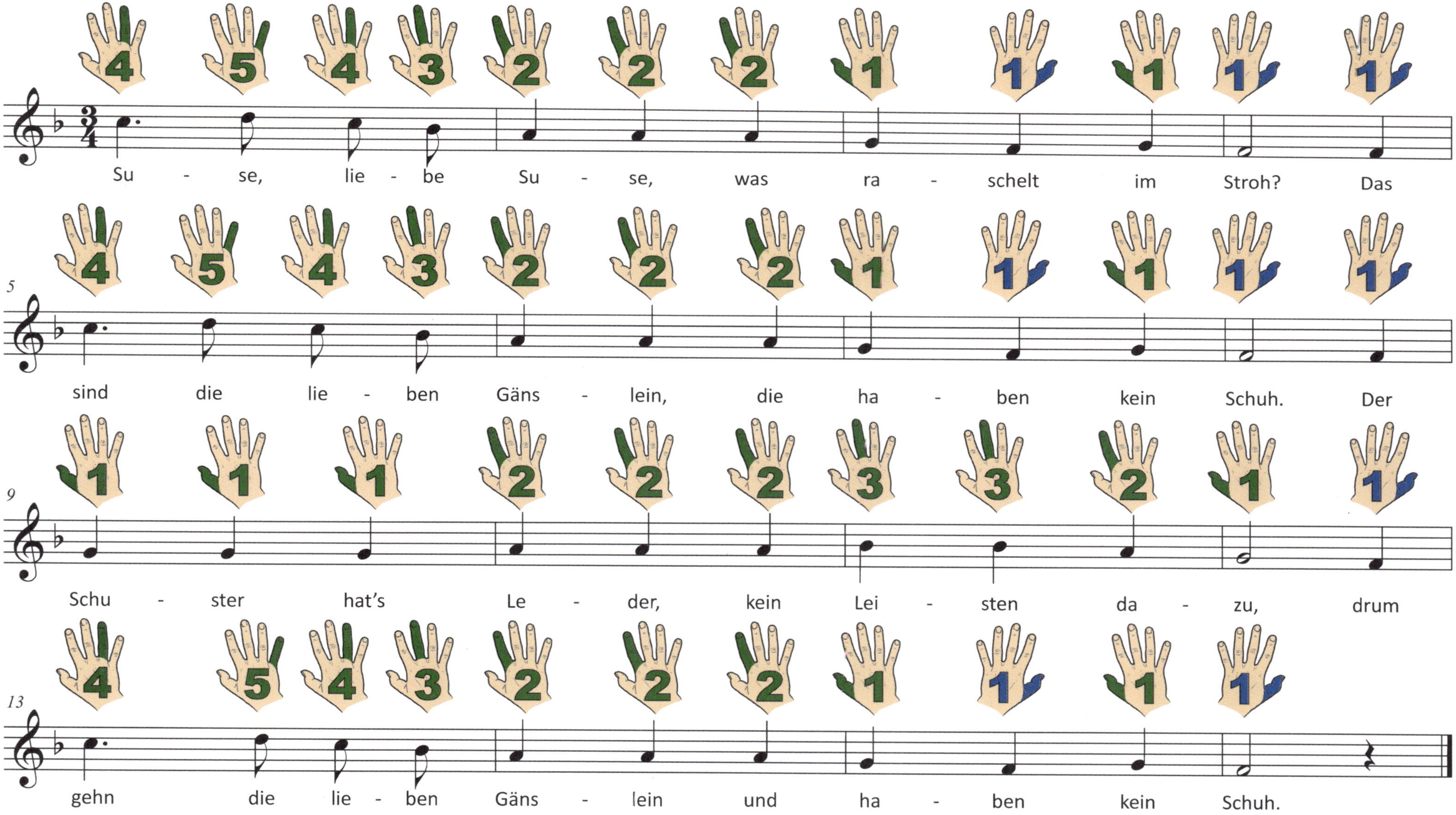

Su - se, lie - be Su - se, was ra - schelt im Stroh? Das

5 sind die lie - ben Gäns - lein, die ha - ben kein Schuh. Der

9 Schu - ster hat's Le - der, kein Lei - sten da - zu, drum

13 gehn die lie - ben Gäns - lein und ha - ben kein Schuh.

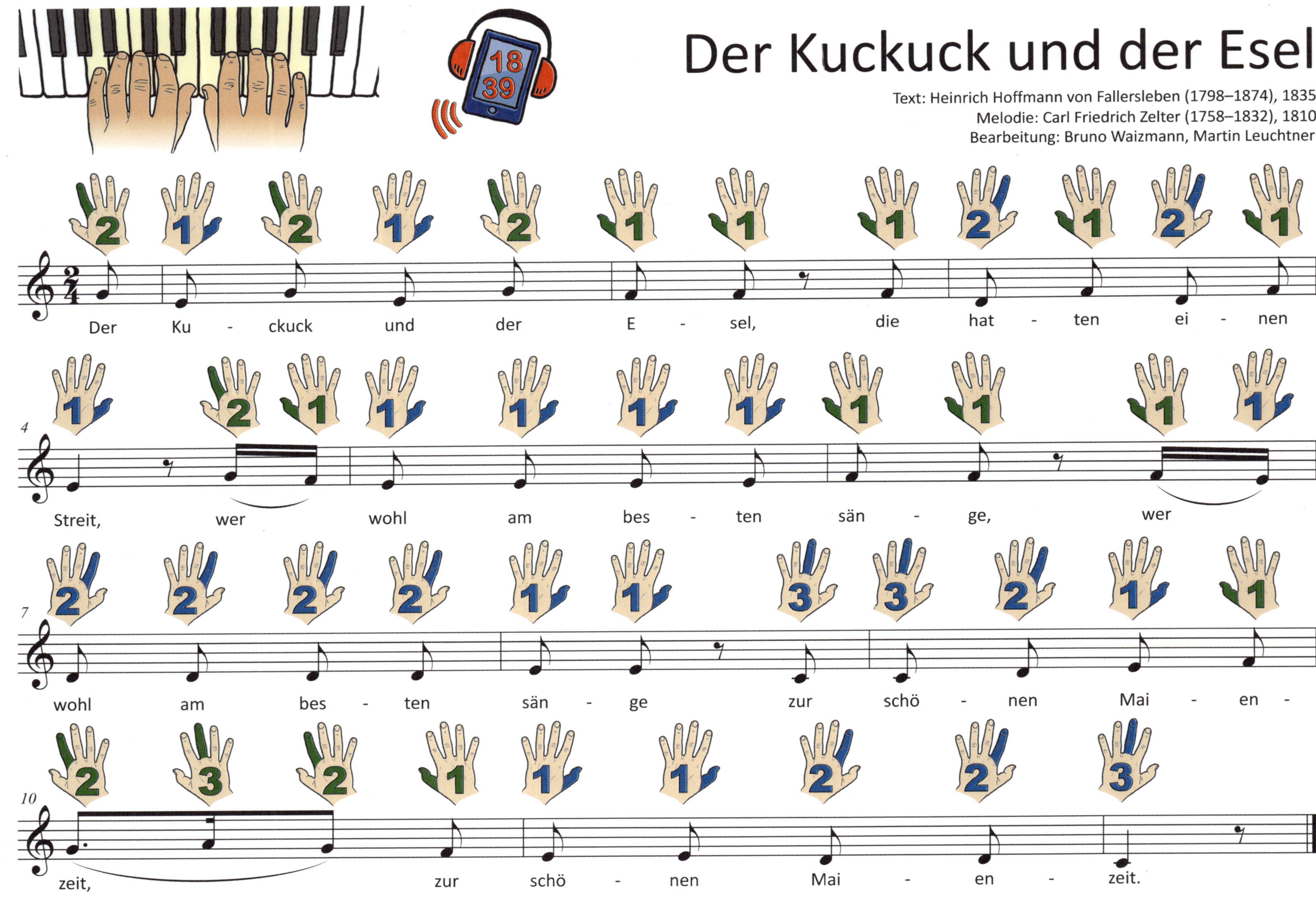
18
39
Der Kuckuck und der Esel
Text: Heinrich Hoffmann von Fallersleben (1798–1874), 1835
Melodie: Carl Friedrich Zelter (1758–1832), 1810
Bearbeitung: Bruno Waizmann, Martin Leuchtner
Der Ku - ckuck und der E - sel, die hat - ten ei - nen
4
Streit, wer wohl am bes - ten sän - ge, wer
7
wohl am bes - ten sän - ge zur schö - nen Mai - en -
10
zeit, zur schö - nen Mai - en - zeit.

# Der Kuckuck und der Esel

Jetzt in einer anderen Tonart und mit einem anderen Handsatz

Text: Heinrich Hoffmann von Fallersleben (1798–1874) 1835
Melodie: Karl Friedrich Zelter (1758–1832) 1810
Bearbeitung: Bruno Waizmann, Martin Leuchtner

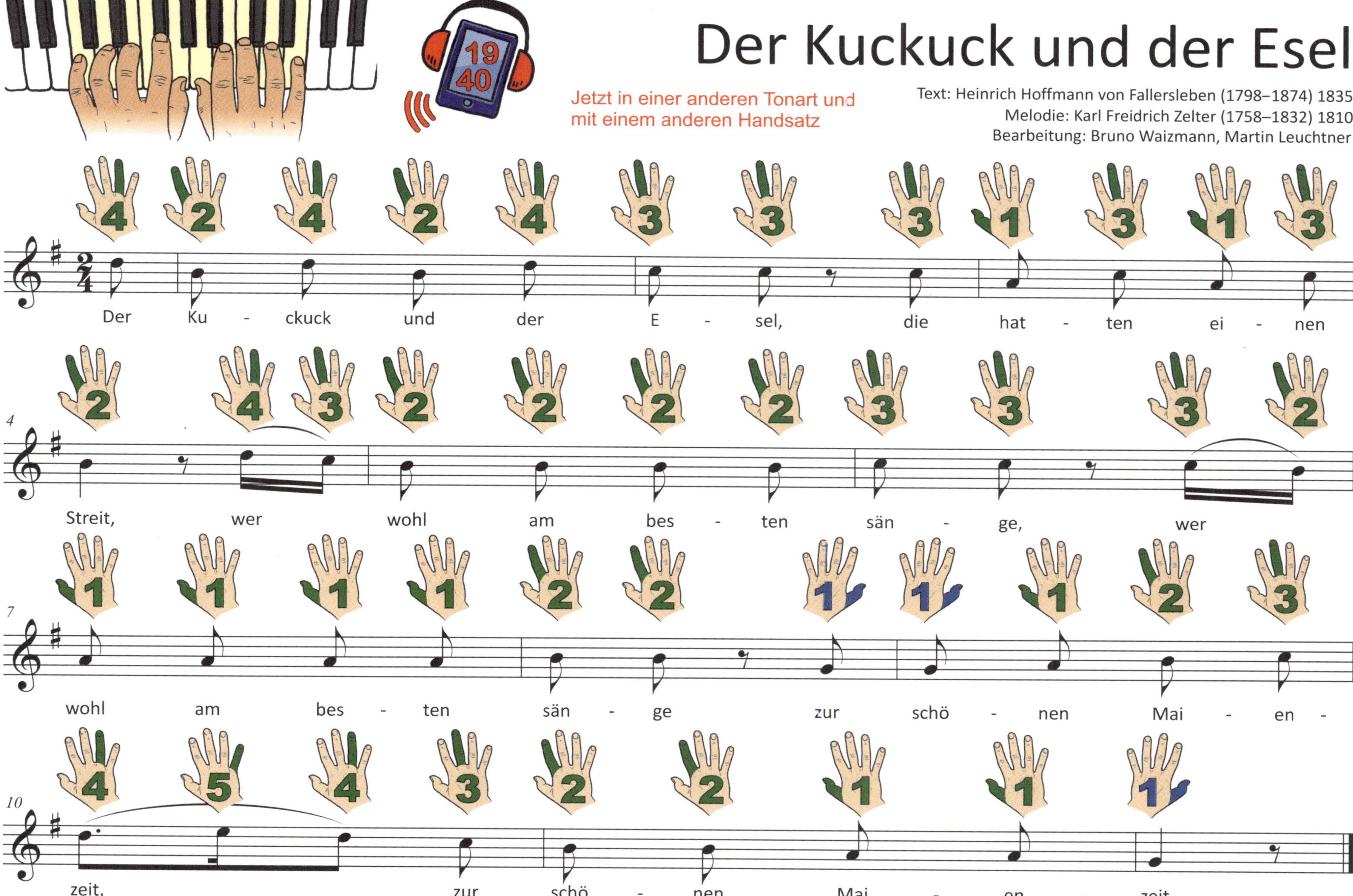

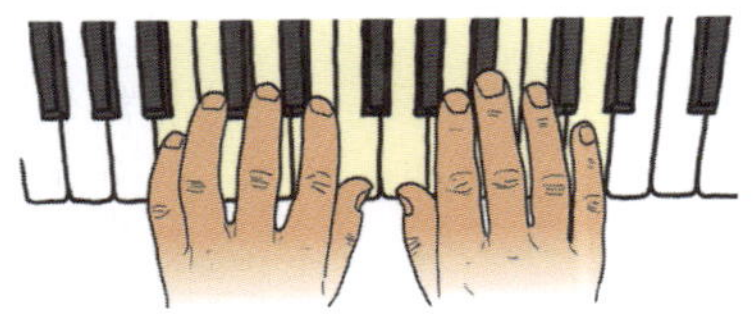

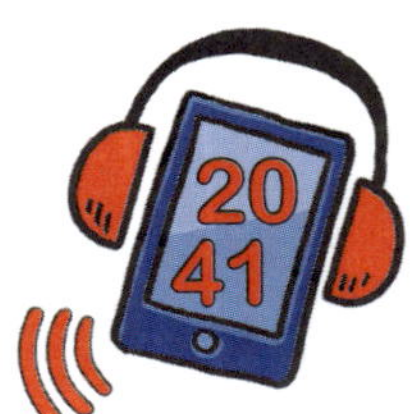


# Dornröschen war ein schönes Kind

Text: Margarethe Löffler, ca. 1890
Melodie: Volkslied
Bearbeitung: Bruno Waizmann, Martin Leuchtner

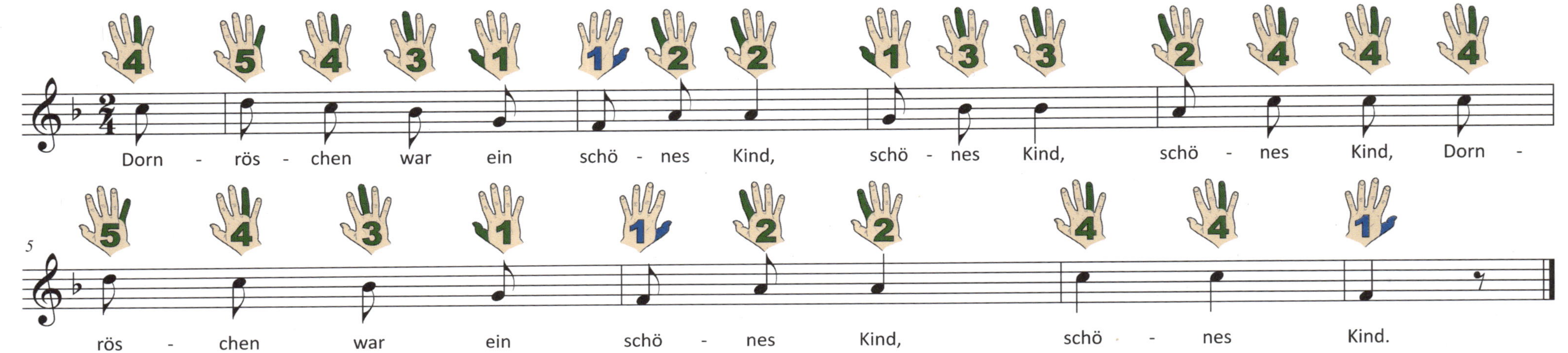


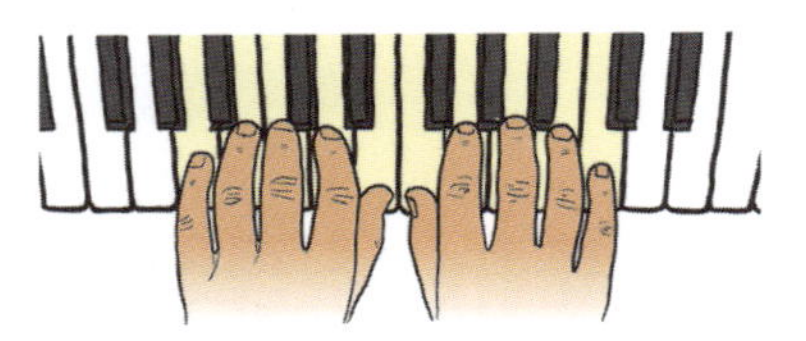

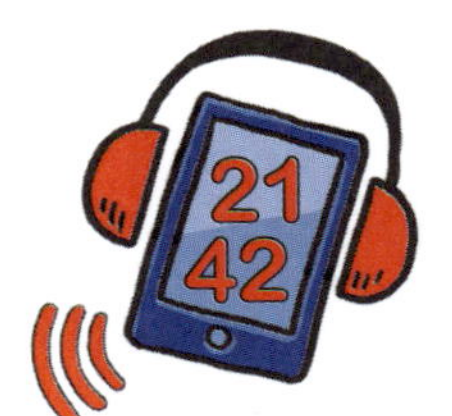


# Hoppe, hoppe Reiter

Melodie: Volkslied um 1800
Bearbeitung: Bruno Waizmann, Martin Leuchtner

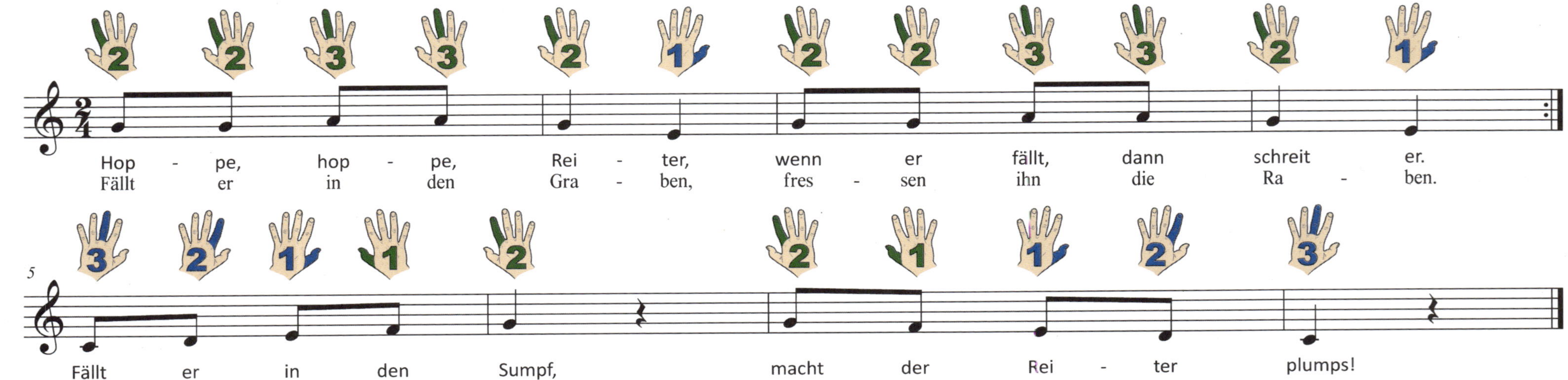